電話応対 はこわくない！

監修
松本昌子

知っておきたい仕事のルールとマナー

池田書店

あなただけじゃない！

CONTENTS

002 （マンガ）電話がこわいのは、あなただけじゃない！

STEP 1
電話応対の心がまえ

- 010 なぜ、電話応対しないといけないの？
- 012 なぜ、電話はすぐに出ないといけないの？
- 014 電話応対で会社の印象が決まる
- 016 電話応対をする上で理解＆意識すること
- 020 好印象を与える話し方のポイント

- 024 （COLUMN）電話とメールを上手に使い分ける

STEP 2
敬語をマスター

- 026 敬語は会話の潤滑油
- 028 敬語の基本を身につける
  よくある敬語の間違い　030
- 032 相手により敬語を使い分ける
- 034 ついつい使ってしまうNGワード
  NGな言葉づかい　035
- 036 間違った言葉づかい

- 037 間違い1　同じ種類の敬語を重ねる「二重敬語」
- 038 間違い2　つい使いがちな「要注意フレーズ」
- 039 間違い3　ビジネスで使ってはいけない「間違い言葉」
- 040 言いづらいことを言うときのクッション言葉
- 042 知っておきたい！大人のフレーズ
  - お待たせするとき　043／お願いするとき　044
  - 断るとき　045／謝るとき　045／ほめるとき　046
  - ほめられたとき　046／否定するとき　046
  - 同意するとき　047／反論するとき　047

- 048 📞 (COLUMN) 電話中の人の周囲では静かに

STEP 3
電話の受け方

- 050 電話を受けるときの心がまえ
- 052 マンガ　電話を受けてからの流れ
- 054 基本の受け方1　電話をとったら名乗る
- 056 基本の受け方2　相手が名乗ったら名前を復唱する
- 058 基本の受け方3　あいさつをする
- 060 基本の受け方4　名指し人に取り次ぐ
- 062 基本の受け方5　名指し人が不在のとき
- 066 基本の受け方6　用件を聞く・伝言を預かる
- 068 基本の受け方7　メモをとる
- 070 基本の受け方8　用件・伝言内容を復唱する
- 072 基本の受け方9　電話を切るときのあいさつ
- 074 自分あてに電話がかかってきたとき

- 076 　問い合わせや確認の電話を受けたとき
- 078 　担当部署への取り次ぎとかけ直しのお願い
- 080 　携帯電話の番号を聞かれたら
- 082 　携帯電話に仕事の電話がかかってきたら
- 084 　[上級編] 　営業電話を受けたときの対応
- 086 　[上級編] 　クレーム電話を受けたときの対応
- 088 　クレーム対応1 　謝罪の言葉を述べる
- 090 　クレーム対応2 　相手の話を聞いて詳細を確認する
- 092 　クレーム対応3 　解決策を提案または担当者からかけ直す
- 094 　クレーム対応4 　感謝の言葉を述べて電話を切る

- 096 　📞 COLUMN 　電話番号を聞き損ねたら

STEP 4
電話のかけ方

- 098 　電話をかける前に
- 100 　マンガ 　電話をかけるときの流れ
- 102 　基本のかけ方1 　電話をかける
- 104 　基本のかけ方2 　相手が出たら名乗る
- 106 　基本のかけ方3 　取り次ぎをお願いする
- 108 　基本のかけ方4 　名指し人が出たら
- 110 　基本のかけ方5 　用件を話す
- 112 　基本のかけ方6 　用件を確認する
- 114 　基本のかけ方7 　電話を切るときのあいさつ

- 116 名指し人が不在だったとき
- 118 不在の人に至急、連絡をとりたいとき
- 120 折り返しの電話がほしいとき・いらないとき
- 122 不在中の電話に対して電話をかけるとき
- 124 アポイントをとるとき
- 126 アポイントの変更をお願いするとき
- 128 道に迷い訪問先に場所をたずねるとき
- 130 問い合わせをするとき
- 132 催促をするとき
- 134 お詫びをするとき
- 136 お礼をするとき
- 138 お断りをするとき
- 140 間違い電話をかけたとき
- 142 [番外編] 会社に遅刻の連絡をするとき
- 144 [番外編] 会社を休むとき
- 146 携帯電話にかけるときの注意点
- 148 取引先の人の携帯電話にかけるとき
- 152 携帯電話にかけたら留守番電話だったとき
- 154 上司の携帯電話にかけるとき
- 156 自分の携帯電話からかけるとき
- 158 [番外編] 知っておきたいSNSの注意点
- 160 (COLUMN) 訪問先での受付電話のかけ方

STEP 5
こんなときどうする?

- 162 会社の道案内をするとき
- 164 電話中、他の電話がかかってきたとき
- 166 職場の人の家族の電話を受ける・かけるとき
- 168 外国人から電話がかかってきたとき
- 170 英語の電話1　とりあえず、英語を話せる人に取り次ぐ
- 172 英語の電話2　名指し人に取り次ぐ
- 174 英語の電話3　名指し人が不在のとき
- 176 （COLUMN）間違い電話やいたずら電話を受けたとき

STEP 6
知っておくと便利

- 178 名前や住所を聞くとき・伝えるとき
- 180 漢字の説明の仕方
- 188 メールアドレスを聞くとき・伝えるとき
- 190 アルファベットの説明の仕方

STEP 1
電話応対の心がまえ

まずは電話応対の重要性を理解し、
電話での話し方のポイントをおさえて
苦手意識を克服しましょう。

なぜ、電話応対しないといけないの？

「電話応対」の重要性が理解できると
仕事の一つとして前向きに取り組めるでしょう。

電話をとる理由

理由 1　新人が今すぐできる仕事は「電話応対」

新入社員は上司や先輩に仕事を教えてもらうことで、相手の時間を使っています。その自覚を持ち、自分にできることは積極的に取り組みましょう。電話応対は、職場の人をサポートする重要な仕事です。

理由 2　「電話応対」から会社のことがわかる

電話を受けることで、取引先、担当者がわかるほか、自分の会社がどんな仕事をしているのかが見えてきます。すると、自分の仕事がどう影響するのかもわかり、仕事への理解や、やりがいにつながります。

理由 3　ビジネスマナーの基本が身につく

電話応対は、敬語の使い方はもちろん、相手を思いやる心やコミュケーション能力が必要です。日々の電話応対でこれらを磨けば、人間関係や仕事をスムーズにするビジネスマナーが身につきます。

なぜ、電話はすぐに出ないといけないの?

かける側は、3コール以上待たされると不安に。
切られると、ビジネスチャンスを失うことにもなります。

電話は鳴ったらすぐとる!
「すぐとる」ことのメリット

1. ビジネスチャンスを得る
2. 仕事をスムーズにする
3. 人間関係を円滑にする

待たせてしまうと、相手が「電話を切る」確率は大!

◎ 仕事の依頼なら大きな損失です。
◎ 仕事の連絡がスムーズにいかなくなります。
◎ 内容が問い合わせやクレームの場合、信頼性がダウンします。

かけている側は気が急いでいるので、少しの時間でも長く感じるんだよ

自分も相手がなかなか出ないと、イライラしない?

[電話をとるタイミング]

はい、〇〇商事でございます

鳴ったらすぐといっても、1〜2コールは待ってね!

早くとるのがよいといっても、電話が鳴った途端に出るのは禁物です。相手の電話では、まだ呼び出し音が鳴っていない可能性があり、相手を驚かせてしまうので気をつけましょう。

STEP 1 電話応対の心がまえ

電話応対で会社の印象が決まる

相手はあなたの電話応対を通して会社の印象を持ちます。
会社の信用や利益を高めることにもつながる重要な仕事です。

いつも明るくてていねいな電話対応で気持ちがいいな。社員教育がしっかりしている会社だから、信頼がおける

かしこまりました。
○○の件、
確かに山崎が承りました。
失礼いたします

電話応対って大変そう〜

電話応対は会社の信頼にも関わるもの

電話はビジネスに不可欠なツール

電話は、仕事を迅速＆スムーズに進めるために重要なツールです。
電話応対は、会社のあらゆる仕事の一翼を担っています。
その意識を持って、積極的にとりましょう。

STEP 1　電話応対の心がまえ

「仕事の継続・拡大」をするときの話し方

例）「このたびは、いろいろお世話になりました。今後とも、どうぞよろしくお願いいたします」

「また、私どもでお手伝いできることがございましたら、お声がけくださいませ」

「仕事の依頼・連絡手段」として話すとき

例）「○○の件で、御社に○○の仕事をお願いしたいとご連絡いたしました」

「明日お伺いする際に○○のデータもお持ちします」

「信頼性を高める」電話での話し方

例）「鈴木が戻りましたら、確かに申し伝えます」

「わたくし、田仲が承りました」

電話応対って、本当に重要だよね

電話応対をする上で
理解＆意識すること

電話の特徴や使い方、電話応対の取り組み方を知れば
仕事の電話に対する不安も軽減するでしょう。

かしこまりました。ただいま、鈴木におつなぎいたしますので少々お待ちください

聞こえづらいな。電話の具合が悪いのかな

ずいぶん待たされるな。鈴木さんはいないのかな

どうしよう……。鈴木さんにつなぐにはどうすればいいんだっけ？

前かがみだと声がこもるよ。電話は声の印象が大切だから気をつけて！

電話応対の心がまえ

電話応対の基本は、次の3つ。
いつも心がけて電話応対をしましょう。

 迅速に

電話は鳴ったらすぐとって、スムーズに取り次ぎます。お互いの時間を使っているという意識を持って、迅速に対応することを心がけましょう。

メモとペンは常に
机の上にスタンバイ！

 ていねいに

ていねいで感じのよい応対は、会社のイメージをアップさせます。言葉づかいはもちろん、明るくはっきりとした受け答えなど、相手を思いやる心を持って電話応対に臨みましょう。

正確に

仕事の電話に正確性は不可欠です。間違った情報の伝達は、大きなトラブルを引き起こし、会社に損害を与えることにも。しっかりメモをとり、復唱して間違いのないようにしましょう。

電話応対は姿勢を正して

ほおづえをつきながら、足を組みながら偉そうな態度をして話すのは禁物です。相手に見えなくても、姿勢や態度は言葉づかいや声のトーンに現れ、相手に伝わります。

顎を下げて下向きに話すと、声帯が締まって声がこもるから気をつけて！

口に受話器を近づけ過ぎない
一定の距離を保つと、相手にも声が強弱なく聞こえやすい

利き手と反対の手で受話器を持つ

利き手でペンを持つ

背すじを伸ばす
お腹が圧迫されず、声が出しやすい

両足は揃える

だらしない姿勢で電話応対をしていると、職場の人の印象も悪いよ

会社の電話機能を知る

会社の電話は、家庭の固定電話と違って、
内線や転送機能などがついています。
まずは、電話の基本的な機能や使い方を理解しておきましょう。

STEP 1 電話応対の心がまえ

[かかってきた電話を名指し人に取り次ぐとき]

保留

受話器を持ったまま「保留」ボタンを押してから受話器を置く。

「○○さん、外線の1番に○○社の△△様から電話が入っています」

転送

受話器を持ったまま「転送」ボタンを押し、名指し人の内線番号をダイヤルする。

「○○さん、○○社の△△様から電話です。転送します」

受話器を置くことで、名指し人に転送される。

何もせずに受話器を置いてしまうと、
回線が切れてしまうので、
「保留」や「転送」ボタンを押しても
取り次ぐことはできないよ

[電話をかけるとき]

発信 または 外線

受話器を持ち、発信または外線ボタンを押す。

※受話器をとると、そのままかけられる電話機種も。

内線電話の場合、発信ボタンを押さなくてよい電話機種もある。

★電話の機種によって使い方は異なるので、わからない点は上司や先輩に聞きましょう。

好印象を与える話し方のポイント

PHONE MANNERS

好感度アップの電話の話し方は、声のトーン、スピード、そして言葉づかいにコツがあります。

電話応対は、相手に情報を伝えるために
1. <u>明るく、はっきりとした発音で話す</u>
2. <u>ゆっくり、ていねいに話す</u>
3. <u>敬語やわかりやすい表現を使って話す</u>

ことが大切よ。

声だけで情報を伝えるって難しいかも…

顔が見えない相手だからこそ話し方はていねいに！

POINT 1

明るくはっきりとした声を出すには

口は、大きく開けて話さないと、こもった発音になりがちです。電話では、大きく口を開けてハキハキと話すことを心がけましょう。

STEP 1　電話応対の心がまえ

姿勢よく
姿勢を正して、声が出やすいようにします。

指3本がタテに入るよう大きく口を開く
口の中に、指3本（人さし指、中指、薬指）が入るくらい開けて話すイメージで。

口角を上げて笑顔で話すと、自然に声も明るくなるよ

口を大きく動かすと、表情筋が動いて表情も豊かに。声もイキイキとするよ

POINT 2 相手が聞き取りやすいトーンとスピード

正しく情報を伝えるためには、相手が聞き取りやすい音量で、ゆっくりと話すことです。

普段より、ゆっくりと話す
早口で話すと、相手は聞き取りにくいばかりか、メモもできません。いつも話しているスピードよりも「少しゆっくり」を意識して話しましょう。

やや高めのトーンで
低い声よりも、高いほうが聞き取りやすいので、声のトーンは少し高めを意識しましょう。

周りに迷惑をかけない程度の声の大きさとトーンにね

言葉づかいを意識する

相手を気づかう言葉づかいは好感が持てます。
適切な敬語を使って相手に敬意を伝えましょう。

STEP 1 電話応対の心がまえ

相手の都合を確認

相手が電話に出たら、まずは相手が話せる状況かどうかを確認します。

「今、お話してもよろしいでしょうか」

「こちらからかけ直します。何時頃ならご都合がよろしいでしょうか」

最後も印象よく

電話を切るときは、時間をとっていただいたことに対しての感謝の気持ちを伝えましょう。

「では、よろしくお願いいたします」

「ありがとうございました」

📞 電話は簡潔にわかりやすく!

　長電話だと、それだけお互いの時間と人件費がかかってしまいます。整理されていない状態でダラダラと話すのはマナー違反です。電話で話す内容は、電話1件につき3分を目安に、話を整理してから電話をかけるようにしましょう。

COLUMN

電話とメールを上手に使い分ける

仕事のやりとりは、電話とメールが主です。
それぞれの長所を活かし、上手に使い分けて
スムーズに連絡を取り合いましょう。

電話

文章だと難しいニュアンスを伝えることができ、声のトーンや話し方などから相手の様子を知ることもできます。

（こんなときに使う）
- 緊急時の連絡
- お詫びやお礼をするとき
- 込み入った内容を話すとき

メール

相手の都合に関係なく、いつでも送ることができます。また、送受信の記録が残るので、お互いに確認することができます。

（こんなときに使う）
- 日時や場所を伝える・確認するとき
- 複数の人と情報を共有したいとき
- 書類などを添付して説明したいとき

電話とメールの両方で確認！

誰もがメールを1日に何度もチェックするとは限りません。また、迷惑メールのファイルに入ってしまって、気づかない場合も。メールを過信するのは禁物です。

すぐに確認してほしいメールは、送った後に**「ただいまメールをお送りいたしましたので、ご確認をお願いいたします」**と電話をするようにします。

電話で確認した決定事項（日時や場所など）は、電話の後にメールを送り、情報を正確に共有するようにしましょう。

STEP 2
敬語をマスター

相手を不快にさせないためにも
電話応対にふさわしい
敬語の使い方を身につけましょう。

敬語は会話の潤滑油

PHONE MANNERS

相手に敬意を示す「敬語」は、社会人に必要な武器。
マスターすれば、仕事をスムーズに進められます。

「敬語」が必要な理由＆効果

理由

相手に敬意を示す

敬語は、相手への敬意を表す言葉。上司や先輩、取引先の人やお客様など、目上の人には敬語で話すのが基本です。

立場や関係性が明確に

相手の立場やシーンに応じて敬語を使い分けることで、自分の立場、相手との関係性がはっきりします。

効果

人間関係が円滑に

敬語を話すと、相手は「大切にされている」と感じ、好印象を持つため、その後のコミュニケーションがスムーズになります。

信頼度がアップ

敬語を使いこなせると、「常識のある人」「信頼できる人」と見てもらえ、「仕事ができる人」と評価されます。

敬語の基本を身につける

敬語は、「どの立場の人に使うのか」「主語が誰か」を考えて上手に使い分けましょう。

立場に合わせて敬語の種類を使い分けることがポイント！

相手（上司、先輩、取引先の人、お客様など）

相手を立てる
「尊敬語」

相手（目上の人・対等な立場の人）

立場に関係なく使う
「丁寧語」

自分

自分をへりくだる
「謙譲語」

[敬語の種類]

尊敬語	相手または第三者の行為、物ごと、事がらなどについて、相手を立てて述べるもの
謙譲語Ⅰ	自分側からへりくだることで、相手または第三者を立てるもの
謙譲語Ⅱ（丁重語）	自分側の行為・物ごとなどを相手に対して丁重（正しくていねいに）に述べるもの
丁寧語	相手に対して、ていねいに述べるもの
美化語	物ごとを美化して述べるもの。名詞の頭に「お」「ご」をつけたり、言い換えたりするもの

※文部科学省文化審議会『敬語の方針』参考

「主語」で使い分ける敬語

尊敬語

上司、先輩、取引先の人、お客様について話すときは「尊敬語」で

主語 相手側

謙譲語

社外の人に社内の人のことを話すとき、自分や家族のことを話すときは「謙譲語」だよ

主語 自分側

「行く」の使い方

尊敬語

お客様がいらっしゃいます

わたくしが参ります

謙譲語

「見る」の使い方

尊敬語

ご覧になりましたか

拝見します

謙譲語

よくある敬語の間違い

敬語を使っている
つもりかもしれないけど、
間違っているよ〜

❌ 明日は会社におられますか

⭕ **明日は会社にいらっしゃいますか**

「おります」は「いる」の謙譲語なので、自分に対して使う言葉。尊敬語の「〜れる」をつけても、正しい敬語にはなりません。「いる」の尊敬語「いらっしゃる」を使います。

❌ 近藤様でございますね

⭕ **近藤様でいらっしゃいますね**

「ございます」は言葉をていねいに表現した丁寧語で、相手への尊敬の意味はありません。相手を確認する場合は、尊敬語の「いらっしゃる」を使います。

❌ 車でいらっしゃいますか

⭕ **お車でいらっしゃいますか**

目上の人の所有物や行動には、「お」や「ご」を頭につけて、尊敬の気持ちを表します。なお、ビール、コーヒーなど、外来語や固有名詞などには、「お」も「ご」もつけません。

大丈夫！慣れれば
スムーズに言えるよ

[よく使う敬語の使い分け]

一般的な表現	尊敬語	謙譲語	丁寧語
いる	いらっしゃる	おる、おります	います
する	なさる、される	いたす	します
話す	おっしゃる、お話しになる、話される	お話しする、お話しいたす	話します
思う	思われる、お思いになる	存じる	思います
わかる	おわかりになる、ご理解、ご承知	かしこまる、承る、承知する	わかります
言う	おっしゃる、言われる	申し上げる、申す	言います
見る	ご覧になる	拝見する、いたす	見ます
見せる	お見せになる	ご覧に入れる、お目にかける、お見せする	見せます
聞く	お聞きになる、ご清聴	拝聴する、お聞きする、伺う	聞きます
尋ねる	お尋ねになる、お聞きになる	お尋ねする、お聞きする、お伺いする	尋ねます
訪ねる	お訪ねになる	伺う	訪ねます
行く	いらっしゃる	伺う、参る	行きます
来る	いらっしゃる、お越しになる、お見えになる	参る、伺う	来ます
帰る	お帰りになる	失礼する、おいとまする	帰ります
食べる	召し上がる、お食べになる	いただく、頂戴する	食べます
飲む	召し上がる、お飲みになる	いただく、頂戴する	飲みます

STEP 2 敬語をマスター

相手により敬語を使い分ける

敬語は使う相手によって、使い方が変わります。
社外（外）と社内（身内）を区別し、状況に応じて使い分けましょう。

（相手）＝（社外の人）

○ 自分・社内の人に謙譲語

<u>山田は</u>、ただいま<u>外出しており</u>、
16時には<u>戻る予定です</u>

明日10時、<u>部長の山田</u>とともに
<u>御社</u>へ<u>お伺い</u>いたします

社外の人に対しては、
上司でも呼び捨てに！
敬語は「謙譲語」を使おう

📞 **社外の人に話すときは社内の人にも謙譲語を使う**

| ✗ お出かけになっている | ◎ 外出しております |
| ✗ 山田部長 | ◎ （部長の）山田 |

STEP 2 敬語をマスター

(相手) = 社内の人

● 内線電話を受けるとき

山田部長は、ただいま席をはずしていらっしゃいます

● 内線電話をかけるとき

山田部長は、いらっしゃいますか

社内では、上司や先輩へは「尊敬語」が基本。呼び方は、役職があれば「〇〇部長（名字＋役職）」、役職がなければ「〇〇さん」で。同僚でも「〇〇くん」「〇〇ちゃん」と呼ぶのは、ビジネスの現場においてNG

[知っておきたい！ 呼び方・敬語の違い]

	相手側のこと	自分側のこと
本人	〇〇様、そちら様	わたくし
同行者	ご同行の方、お連れ様	同行の者
会社	御社、貴社	弊社、当社
役職	〇〇部長、部長の〇〇様	（部長の）〇〇、〇〇（名字）
行く・訪問	ご来社、お立ち寄り、お越し	参る、お伺い
言う	おっしゃる、言われる	申し上げる、申す

ついつい使ってしまう NGワード

慣用表現としてよく使われる言葉も、NG表現があるので気をつけましょう。

了解いたしました

「了解」は親しい間がらでいう言葉。目上の人には失礼だよ！

正解は
「かしこまりました」
または
「承知いたしました」

NGな言葉づかい

 弊社までの道をお教えします

 弊社までの道をご説明いたします

一般的に「教える」は、教育するという意味合いも含まれるため、目上の人に対して使うのはふさわしくありません。「説明する」という表現に変え、謙譲語の「いたす」を使いましょう。

 それはできません

 それはいたしかねます

明らかにできないこと、無理なことであっても、「できません」とストレートに言うのは失礼に聞こえます。「いたしかねます」と婉曲に表現し、できることを伝える、代替案を提案するなどして、相手に応えようという姿勢を大切にしましょう。

 10日はお休みをいただいております

 10日は休んでおります

自分側の行為に「お」はつけません。また、自分に対しては、謙譲語を使います。

📞 **目上の人にこんな言葉づかいはNG**

✖「ご苦労様でした」
◎「お疲れ様でした」

「ご苦労様」は目下の人をねぎらう言葉。目上の人に使ってはいけません。

間違った言葉づかい

PHONE MANNERS

敬語のルールに反した使い方をすると、失礼な物言いに。
特に「二重敬語」や「若者言葉」には気をつけましょう。

NG

笹川さんは、何時に お戻りになられますか

「お〜になる」の尊敬語に、尊敬の助動詞の「〜れる・られる」を重ねた「二重敬語」となります。

ていねいに聞こえるけど、「二重敬語」はしつこい印象になるよ

正解は
「何時に
お戻りになりますか」

間違い1

同じ種類の敬語を重ねる「二重敬語」

 笹川さんがおっしゃられていました

 笹川さんがおっしゃっていました

「言う」の尊敬語の「おっしゃる」に、尊敬を示す「〜れる・られる」を重ねています。ていねいに話したい気持ちはわかりますが、尊敬語を2つ重ねる必要はありません。

 お話しになられました

 お話しになりました

「話す」の尊敬語の「お話になる」に、尊敬を示す「〜れる・られる」を重ねた言葉。上の例と同じパターンの二重敬語です。

 拝聴させていただいてもよろしいでしょうか

 拝聴してもよろしいでしょうか

「拝聴」は「聞く」の謙譲語、「いただく」は「もらう」の謙譲語で、謙譲語を二重にした間違った敬語の使い方です。

間違い 2

つい使いがちな「要注意フレーズ」

 送らせていただきます

 お送りいたします

「〜させていただく」は、「させてもらう」の謙譲表現となります。相手の許可を受けている場合、またはそのことにより恩恵を受けていることに対して使用します。謙虚な気持ちを表現するためによく使われる表現ですが、乱用するとかえって失礼に。シンプルに「〜いたします」と表現しましょう。

 どのようなご用件でございますか

 どのようなご用件でしょうか

「ございます」は「です」「あります」をていねいにした言葉ですが、乱用するとしつこい印象になります。相手の名前を確認するときなどは、尊敬語の「いらっしゃいますか」を使います。

 弊社のほうで取り扱っております

 弊社で取り扱っております

「〜のほう」は方角を表すとき、あいまいなものを表現するとき、2個以上のものを比較するときなどに使います。この場合、いずれも当てはまらないので、使い方としては間違っています。

間違い3

ビジネスで使ってはいけない「間違い言葉」

 やらせていただきます

 担当いたします

「やる」「する」は俗語的な表現なので、ビジネスシーンには向きません。相手側への尊敬語「される」「なさる」や、「ご」「お」を言葉の頭につけるようにします。また、自分側が「する」場合は、「いたす」に言い換えます。

 お名前を頂戴できますか

 お名前をお聞かせいただけますか

「頂戴」は「もらう・受け取る」の謙譲語。この場合、名前をもらいたいという表現になってしまいます。名前を聞くときは「お聞かせいただけますか」、または尋ねるの謙譲語で「お伺いしてもよろしいでしょうか」と言います。

[こんな言い方は絶対NG]

 以上でよろしかったでしょうか

 以上でよろしいでしょうか

「アルバイト用語」ともいわれていますが、過去のことでもないのに「よろしかった」と過去形になっている、さらに相手の意向を確認しているにも関わらず、こちらが決めつけているため、間違った表現となります。ちなみに、事前に聞いたことや過去のことを確認するときは「よろしかったでしょうか」が正しい表現です。

 これって〇〇じゃないですかぁ　 そうなんすよ

 マジですか　 っていうか、〇〇かも

友人同士ではOKでもビジネスシーンではNG！

言いづらいことを言うときのクッション言葉

PHONE MANNERS

会話の中で「クッション言葉」を使うと表現がソフトになり、相手に与える印象を和らげることができます。

NG

（忙しそうなのに、あさってなんて言いづらいな……）

あさってまでに伝票を送ってください

あさってですか？

OK

お忙しいところ<u>恐れ入りますが</u>、伝票をあさって10日までにお送り<u>いただけますでしょうか</u>

かしこまりました

クッション言葉を使うときは、「声のトーンもやわらかく」することも忘れずに！

クッション言葉の使い方

お願いするとき

- 失礼ですが〜
- 申し訳ございませんが〜
- ご面倒をおかけしますが〜

＋

- お願いできませんでしょうか
- 〜していただけますでしょうか
- 〜してよろしいでしょうか

断るとき

- 大変申し訳ございませんが〜
- 大変申し上げにくいのですが〜
- 大変残念ですが〜

＋

- いたしかねます
- 今回はご遠慮させていただきます
- 今回は見送らせていただきます

📞 クッション言葉を上下に使う上級ワザ

大変お手数をおかけしますが、来週までに書類をいただけますでしょうか

伝えたい用件の上下に「大変お手数をおかけしますが」「いただけますでしょうか」の2つのクッション言葉をはさむと、相手への配慮を表現できます。

STEP 2　敬語をマスター

知っておきたい！大人のフレーズ

PHONE MANNERS

ストレートな物言いはトラブルを招きます。
ビジネスにふさわしいスマートな言い方を身につけましょう。

ちょっと待ってください

そんなこと言わずに
お願いしますよ〜

できません！

伝える内容は同じでも、
表現を少し変えるだけで
相手への印象もよくなるんだけどな

お待たせするとき

 ちょっとお待ちください

少々お待ちいただけますか

「ちょっと」は俗語的な表現なので、ビジネスシーンではNG。「少々」と言い換えます。

 上司に確認するので、少しお待ちください

**少々お時間をいただいてもよろしいでしょうか。
上の者に確認してまいります**

相手を待たせることを申し訳なく思う気持ちを先に伝え、「まいります」と謙譲語で締めくくると、ていねいな印象です。

 少し時間がかかりそうですが、お待ちください

**大変申し訳ございませんが、
少々お時間をいただけませんでしょうか。
こちらから改めてご連絡いたします**

相手を待たせる時間が長引きそうなら、電話をいったん切り、改めてかけ直します。

相手を待たせるのだから、強い口調は禁物。謙虚な態度でやわらかいトーンで言おう

お願いするとき

 もう一度、お名前をお願いします

 恐れ入りますが、もう一度、お名前を伺ってもよろしいでしょうか

「恐れ入りますが」というクッション言葉を使いながら、名前の確認をします。

 もう一度、説明していただけますか

 大変申し訳ございませんが、納品日について確認させていただけませんか

わからない部分だけに絞って聞き返し、もう一度説明してもらえるようお願いします。

 15日までに資料を送ってください

 お手数をおかけしますが、15日までに資料をお送りいただけないでしょうか

相手に手間をかけてしまいそうなことをお願いするときは、「お手数をおかけしますが」というクッション言葉を使って、相手に申し訳ない気持ちを伝えます。

目上の人にお願いをするときは、最後を「〜いただけますか」と疑問文にすると、相手の意向をくむやわらかい表現になるよ

断るとき

 できません

 大変申し訳ございませんが、弊社では対応いたしかねます

ストレートに断るのではなく、「〜しかねる」という否定形に「いたす」という謙譲語を重ねると、断りの言葉もやわらかくなります。

 同じことを何度もおっしゃられても困りますが

お気持ちは重々承知しておりますが

「相手の気持ちを察している」ことを表すクッション言葉を使い、この後に「それでもできない」ことを伝えます。

> 相手が同じ言い分を繰り返し、しつこく食い下がってきたときに便利なフレーズよ

謝るとき

 すみません

 大変申し訳ございません

ビジネスシーンでは「すみません」「ごめんなさい」ではなく、「申し訳ありません」「申し訳ございません」が適切な表現となります。

 お詫びします

 心よりお詫び申し上げます

「申し訳ございません」と同様に、ビジネスシーンでよく使われる言葉です。最初に「心より」とつけると、より丁重に謝る気持ちが伝わります。

ほめるとき

 さすがですね

とても勉強になりました

ほめるという行為は、目上の人が目下の人に行うもの。目上の人には、ほめるというより「ありがとうございます」「勉強になりました」など、感謝の気持ちを伝えましょう。

ほめられたとき

 私なんて本当に全然ダメです

 **ありがとうございます。
笹川さんのアドバイスのおかげです**

謙遜しすぎるのも、調子に乗りすぎるのもNG。素直に感謝の気持ちをていねいに伝えましょう。

否定するとき

 それは違います

**恐れ入りますが、わたくしが確認しましたところ、
〇〇ということでしたがいかがでしょうか**

相手が明らかに間違ったことを言った場合も、ストレートに否定するのではなく、やわらかな言い回しで事実を伝えます。

相手が間違っていることは指摘しづらいもの。
やわらかい表現を使って正しいことを伝えよう！

同意するとき

 同感です

 おっしゃるとおりです

「同感」「賛成する」という言葉は、対等な立場の相手に使う言葉。目上の相手には使わないようにします。

 そうですね

 さようでございます

日常会話でよく使う「そうです」は、同意するときについ口にしがち。しかし、目上の相手には「さようでございます」に言い換えると、よりていねいです。

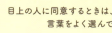

目上の人に同意するときは、言葉をよく選んで

反論するとき

 いや、でも、だって……

 おっしゃることは重々承知しておりますが……

「いや」「だって」は俗語的な表現で、相手によい印象を与えません。相手の意見を拝聴していることを表す言葉や、頭に「大変申し上げにくいのですが」というクッション言葉をつけてから、自分の意見を言うようにします。

「それはそうかもしませんが」は攻撃的な印象になるからNG

COLUMN

電話中の人の周囲では静かに

電話の性能というのは、思っている以上に高いもの。
電話中の人の近くにいるときは、大きな声で仕事の話や、
同僚などとおしゃべりをするのは慎むこと。
また、高い声は通りやすいので、笑い声などは大きくなくて
も意外と電話の相手に伝わっているので気をつけましょう。

取り次ぐときは、すぐに「保留」ボタンを押す

受話器を持ったまま、保留ボタンを押さず名指し人に取り次ぐと、会社内の会話が聞こえて、いろいろな情報が相手に伝わる可能性があります。

電話中の人の周りでの会話は控える

どんな人と電話中か、周囲の人はわかりません。クレームの電話だったり、込み入った話だったりする場合もあります。電話をしている人がいたら、静かにすることを徹底しましょう。

周囲がうるさいときは、いったん保留にして注意する

電話をかけているときに、周囲の会話が気になったら、「お話中、申し訳ありません。少々お待ちいただけますか」と言って「保留」にし、周囲の人に協力をお願いしましょう。

STEP 3
電話の受け方

電話に出た人の印象が会社のイメージにも。
ていねいな言葉づかいで好印象を与えるよう
電話を受けたときの基本フレーズを覚えましょう。

電話を受けるときの心がまえ

PHONE MANNERS

迅速・ていねい・正確な電話応対ができるよう
いつでも電話を受けられる準備をしておくと安心です。

＼あっ、電話だっ！／

早くとらなきゃ！

あー、ドキドキしちゃうよ〜

電話は、突然鳴ります。あせってとると、言葉がスムーズに出なかったり、早口になったりしがち。相手に落ち着いた感じのよい印象を持ってもらえるよう、電話が鳴ったら自分の中でひと呼吸おいて、気持ちをリセットしてから電話をとりましょう。

電話応対モードになって！

電話をとるときの準備 & タイミング

☑ メモとペンを用意

相手の会社名と名前、用件や伝言をメモできるように、電話の近くにはメモとペンを置いておきましょう。

電話を受けながらメモやペンを探す、なんてことがないようにデスク周りは整理しておこうね

復唱して頭で覚えたつもりでも、メモをしていないと忘れちゃうから、必ずメモして！

☑ 3コール以内に出る

電話をかけている側は、長くコールが続くと「どうして誰も出ないんだ？」と不安になります。また、「待つ」ときの時間感覚は、こちらが思っている以上に長いものなので、3コール以内にとるよう心がけましょう。

電話をとるのは、早すぎても遅すぎてもダメ！双方のグッドタイミングが3コール以内ってことだね

電話が鳴った途端に出るのは禁物！

1コールもなしに電話に出られると、相手は驚いてしまいます。相手にも電話で話すという気持ちの準備が必要。せめて1コールは待ちましょう。

📞 **電話が鳴ったら、自分の中でスイッチを切り替える**

バタバタと忙しく仕事をしていたり、注意を受けて落ち込んでいたりするときでも、電話が鳴ったら、明るく元気な声で、笑顔でていねいに対応する「電話応対モード」にスイッチオン。感じのよい電話応対を心がけて。

電話を受けてからの流れ

基本の受け方

① 電話をとったら名乗る

明るくはっきりした声で「はい」と言って一拍おいた後、
相手が聞き取りやすいよう、ゆっくりと「社名」を言います。

はい、〇〇商事でございます

会社の電話の第一声は、
「もしもし」ではなく
「はい」だよ

📞 こんな言い方も！

○ 午前10時頃までなら
「おはようございます。〇〇商事でございます」

STEP 3 電話の受け方

○ 3コール以内に出られなかったとき

**お待たせいたしました。
○○商事でございます**

5コール以上お待たせした場合は、「大変お待たせ
いたしました」と言いましょう。

○ 電話をもらったことに感謝するとき

**お電話ありがとうございます。
○○商事でございます**

○ 内線電話をとったとき

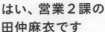

**はい、営業2課の
田仲麻衣です**

田仲さんですか

内線電話でも、電話に出るとき
は明るくはっきりとした声で！
同じ部署に同姓の人がいたら、
フルネームで名乗ろう

社内の内線電話では、所属部署と自分の名前を名乗
ります。会社の規模によっては、名前だけでかまいま
せん。

055

基本の受け方 ②

相手が名乗ったら名前を復唱する

聞いた相手の社名、名前を復唱し、確認します。
はっきりとした声で確認すると好印象です。

A社の川内様でいらっしゃいますね

相手の名前をメモして復唱しよう

📞 相手が名乗らないとき

「失礼ですが、どちら様でしょうか」

「どなたですか」「誰ですか」は失礼です。

○ 相手の名前が聞き取れないとき

恐れ入りますが、もう一度、お名前をお願いできますでしょうか

「お願いできますでしょうか」または「聞く」の謙譲語の「伺う」を使い、「お伺いできますでしょうか」と言います。「おっしゃってください」は命令口調に聞こえるのでNG。

○ 相手が名前だけしか言わなかった場合

恐れ入りますが、御社名をお伺いしてもよろしいでしょうか

「失礼ですが、どちらの〇〇様でいらっしゃいますか」でもOK。フリーランスで会社名を名乗らない人もいますが、念のため社名を確認しましょう。

○ 復唱した名前を修正されたとき

大変失礼いたしました。A社の川内様でいらっしゃいますね

まずは名前を間違えてしまったお詫びを述べた上で、再度復唱します。「聞き取りにくかったから」といった言い訳は禁物。

電話だと、カワウチがカワグチ、サドがサトウに聞こえたりする。相手の名前を、しっかり聞き取ろうという姿勢が大切だよ

基本の受け方

③ あいさつをする

相手の社名や名前を確認した後は
初めての相手にも使える儀礼的なあいさつをします。

いつもお世話になっております

「お世話様です」は、
相手に対する感謝の気持ちと
「ご苦労様」というねぎらいの意味が
込められているため
目上には失礼にあたるよ

自分は初めてでも、会社としては
お世話になっていることがあるので、
これは常に使ってOKのフレーズ

○ いつもお付き合いのある人の場合

**いつも大変お世話に
なっております**

よりていねいな言い方をします。

○ 最近会ったりお世話になった人の場合

**お世話になっております。
田仲です。
先日はありがとうございました**

「お世話になっております」の後、自分の名前を名乗り、お礼を言います。

○ 電話の回線トラブルで相手の声が聞こえないとき

**わたくしの声は聞こえます
でしょうか。電話の調子が悪く、
聞こえにくい状態です。
恐れ入りますが、もう一度
おかけ直しいただけますでしょうか**

電話のトラブルであることを伝え、ていねいにお願いします。また、相手側のせいで声が聞き取れなくても、電話のトラブルにするのがマナーです。

基本の受け方

④ 名指し人に取り次ぐ
名指し人が不在⇒「基本の受け方5」(P62)へ

名指しされた人が在席している場合は、
名指し人の名前を復唱し、保留ボタンを押します。

営業2課の鈴木さんは
いらっしゃいますか

はい、営業2課の鈴木で
ございますね。ただいま、
確認いたしますので、
少々お待ちください

社外の人と話す場合、身内の名前は、たとえ先輩や上司であっても呼び捨てにします(P32参照)。

名指し人の名前を
復唱することを忘れずに!

📞 同じ部署に同姓の人がいる場合

「恐れ入りますが、営業2課に鈴木は2人おります。
鈴木孝明、鈴木雄一のどちらにおつなぎいたしましょうか」

「恐れ入りますが、営業2課に鈴木は2人おります。
男性のほうでしょうか。それとも女性のほうでしょうか」

○ 保留ボタンを押して取り次ぐ

鈴木さん、A社の川内様より
お電話です。
よろしくお願いいたします

取り次ぐ際は、相手の社名、名前をしっかり伝えます。

社内の人と話すときは、
○○さん、○○部長という
呼び方でOK

○ 着信ボタンがいくつかある場合

鈴木さん、2番にA社の
川内様よりお電話です。
よろしくお願いいたします

どの着信ボタンの電話をとればよいか、取り次ぐ人に
わかるように伝えます。

○ 内線電話で取り次ぐとき

保留(または転送)ボタンを
押してから名指し人の
内線番号をかける

※電話の機種によって使
い方は異なるので、先輩
や上司に確認しましょう。

基本の受け方

⑤ 名指し人が不在のとき

名指しされた人が不在の場合は、折り返す、
代わりに用件を聞くなど、代案を提案します。

○ 名指し人が離席しているとき

トイレに行っているなど、
離席理由を詳しく
説明する必要はないよ

申し訳ございません。
鈴木はただいま
席をはずしております

POINT

- 不在であることを詫びる。
- 名指し人の状況(離席、外出、休みなど)を伝える。
- 何時(何日)に戻る予定かを伝える。
- 急ぎの用件かどうかを確認する。
- 相手の意向を確認して、代案(折り返す、用件を聞く、伝言を預かる)を提案する(P64、P66参照)。

○ 名指し人が電話中のとき

あいにく鈴木はただいま
他の電話に出ております。
電話が終わり次第、
お電話いたしましょうか

お願いします

恐れ入りますが、
念のため電話番号を教えて
いただけませんでしょうか

名指し人が相手の電話番号を
知っているとしても、
連絡先はしっかりと聞いておこう

私もこれから出てしまうので、
改めて連絡します

かしこまりました。
その旨を鈴木に申し伝えます

📞 名指し人がいつ席に戻るかわからないけれど
　　携帯電話などで連絡はとれる状態のとき

「こちらで確認後、折り返しご連絡いたしましょうか」

○ 名指し人が外出中のとき

あいにく鈴木はただいま
外出しております。
15時には戻る予定ですが、
戻り次第お電話いたしましょうか

○ 名指し人が退社（帰宅）しているとき

申し訳ございません。
鈴木は本日、
すでに退社いたしました。
明日、9時に出社予定です

時間外にかけてきた場合、急ぎの用件かもしれないので、念のため「お急ぎでしょうか」と確認し、急ぎの場合は上司や先輩に相談して対応しましょう。

○ 名指し人が出張中のとき

申し訳ございません。鈴木は23日
まで出張で不在にしております。
いかがいたしましょうか

◦ 日帰り出張の場合
「本日は出張で、終日不在にしております」
◦ 数日の出張の場合
「〇日まで出張で不在です。〇日には出社いたします」

基本的に、不在の理由を相手に伝える必要はありませんが、出張の場合は、その旨を伝えても〇Kです。その場合、不在期間、出社する日を相手に伝えると親切です。

出張の目的や
場所などは、
伝える必要はないよ

○ 名指し人が遅刻して不在のとき

**あいにく鈴木は外出しており
10時には戻る予定です**

遅刻でになく、立ち寄り、外出という言葉で説明し、出社予定時間を少し遅らせて伝えます。伝えた時間より遅くなると、印象が悪くなるからです。

○ 名指し人が休んでいるとき

**申し訳ございません。
鈴木は本日、休んでおります。
お急ぎのご用件でしょうか**

急ぎの場合は、用件を聞いた上で、上司や先輩に相談して対応しましょう。

○ 名指し人が異動しているとき

**申し訳ございません。鈴木は
4月より大阪支社の管理部に
異動いたしました。失礼ですが
どのようなご用件でしょうか**

異動したことを伝え、代わって用件を聞きます。用件によっては、上司や先輩に代わってもらいましょう。

○ 名指し人が退職しているとき

**申し訳ございません。
鈴木はすでに退職しております。
失礼ですが
どのようなご用件でしょうか**

会社にかかってきているので、退社した人も身内扱いで呼び捨てにします。用件を聞いた上で保留にし、上司や先輩に相談して対応しましょう。

基本の受け方

⑥ 用件を聞く・伝言を預かる

名指し人が不在で、代わりに用件を聞く、伝言を預かるときは、
相手の話す内容をしっかり聞き取りましょう。

○ 用件を聞く

鈴木さん、不在なんですね。どうしようかな

わたくし、鈴木と同じ
営業2課の田仲と申します。
差しつかえなければ、代わりに
ご用件を伺いましょうか

「用件を伺う」と伝えるのは、用件についての対応も行うときに使います。

自分では聞いた用件の対応が難しい場合、
上司や先輩に電話を代わってもらうか、
名指し人から電話をしてもらおう

○ 伝言を預かる

**わたくし、営業2課の
田仲と申します。
よろしければ、
伝言をお伺いいたしましょうか**

自分の名前を名乗って、責任の所在を明らかにした上で、「伝言」を聞くということを明確に伝えます。

○ 相手から伝言を頼まれた場合

そうですか。鈴木さんが不在ということであれば、伝言をお願いしてもいいですか?

**かしこまりました。
それでは、鈴木が戻りましたら、
確かに申し伝えます。
よろしくお願いいたします**

「はい」ではなく、「かしこまりました」という返事をします。きちんと伝言してもらえるという、安心感を与えます。

電話をとるときは、
必ずペンを持ち、
すぐにメモができるようにしてね

STEP 3　電話の受け方

基本の受け方

⑦ メモをとる

相手の社名、名前、電話番号、用件や伝言を
正確に伝えるために、しっかりメモしましょう。

 メモをする際は、要点だけ記入し、改めて
ていねいに伝言メモを書いて残そう！

📞 電話があったことだけでも伝える

　名指し人が不在で、相手が「じゃ、いいです」と、用件も伝言も何も言わないまま電話を切ったとしても、電話があった事実を名指し人に伝えます。そのメモを見て判断するのは、名指し人。相手から「電話をください」と言われていないのに、「電話してください」などと勝手にメモに残すのは禁物。

○伝言を預かったとき

では、伝言をお願いします。
15日のプレゼンですが、13時から15時に時間が変更になりました。
メールをお送りいたしますので、確認後、電話をいただければと思います。
電話番号は03−××××−△△△△です

 伝言メモの書き方

日付　　電話を受けた時間　　名指し人の名前

5月17日（火）　13:15
鈴木　様
A社の川内様から電話がありました。　← 相手の社名（および部署名）、名前（カタカナでも）
15日のプレゼン、13時から15時に　← 用件や伝言内容
変更。川内様からのメールを確認後、
折り返し、電話してください。
03−××××−△△△△

　　　　　　　　　　　　田仲　受

相手の電話番号（できれば）　　電話を受けた人の名前

これでもOK

□ 電話がありました
□ また電話します
□ 折り返し電話してください
　TEL 03−××××−△△△△
　（用件・伝言）

POINT
- 文字はわかりやすく、ていねいに
- 誰もが見やすい文字の大きさに
- メモは目につきやすいところに

📞 略語はできるだけ避ける

「折り返し電話してください」をC.B（コールバック）やP. C.B（プリーズ　コールバック）などと、会社の慣習に従って略語を使うのはOKですが、あまり認知されていない職場の場合は、こうした略語は避けましょう。

基本の受け方

⑧ 用件・伝言内容を復唱する

用件や伝言内容を聞きながらメモをした後、
内容を復唱して確認します。

かしこまりました。
4時過ぎにご連絡をいただけるという
ことですね

メモを見ながら、
内容を確認しよう

○ 折り返しの電話がほしいと言われたとき

○○の商品の件で、至急相談したいことがあるので、ご連絡いただけますか

かしこまりました。
○○の商品についてのご相談ですね。
鈴木が戻り次第、その件ですぐに
ご連絡するように申し伝えます。
恐れ入りますが、川内様の連絡先を
お教えいただけませんでしょうか

03－××××－△△△△です

復唱いたします。
03－××××－△△△△ですね

折り返しの電話がほしいと言われたら、用件・伝言を復唱した後、必ず電話番号を聞きます。

番号の復唱も忘れずに！

○ 復唱したことが間違っていたとき

大変失礼いたしました。
打ち合わせの時間を13時から
15時に変更ということですね

もう一度、内容を復唱して確認しましょう。メモを見ながら復唱していた場合、メモの内容も訂正します。

基本の受け方

⑨ 電話を切るときのあいさつ

伝言などを受けた場合は、自分の名前を名乗り、
あいさつをした後、静かに受話器を置きます。

○ 伝言を預かったとき

> わたくし、（営業2課の）田仲と申します。
> 川内様からの伝言、鈴木が戻り次第、
> 確かに申し伝えます。
> お電話ありがとうございました

相手から「失礼ですが
お名前は」と聞かれる前に、
自分から名乗るのがマナー

自分の名前を名乗ることは、「確かに伝言を承りました。責任を持って
名指し人に伝えます」という意図が伝わり、相手は安心します。

○「○○から電話があったと伝えてください」と言われたとき

わたくし、（営業2課の）田仲と申します。
川内様よりお電話いただいた旨、
確かに申し伝えます。
失礼いたします

最後に「失礼いたします」「ありがとうございました」というあいさつで締めると、ていねいです。

最後にひと言、
あいさつがあると好印象

○社内の内線電話の場合

田仲です。
鈴木さんが戻りましたら、
佐藤さんに連絡するよう
お伝えいたします

社内電話でも、電話を受けた責任者として自分の名前を名乗りましょう。いくら相手が社内の親しい間柄の人でも、「わかった。鈴木さんに伝えておきますね〜」と友だちのような言葉づかいはNGです。

ビジネスの場で、
友だち言葉は厳禁だよ

📞 受話器を置くまでが「電話応対」の仕事

電話は、相手が電話を切ったことを確認してから切ります。相手が電話を切る前にガシャンと乱暴に受話器を置くと、その音まで相手に伝わります。また、相手がまだ電話を切っていないのに周囲の人と話し出したりすると、相手に聞こえてしまうこともあります。「フックを押さえ、電話を切ってから受話器を置く」を基本にしましょう。

自分あてに電話がかかってきたとき

ケース別

名指し人が自分の場合は、本人であることを名乗り、用件を聞いて対処します。

自分あての電話をとったときの流れはこうだよ

1 電話をとったら名乗る

> はい、〇〇商事でございます

2 相手が名乗ったら

> A社の川内ですが、営業の田仲さんをお願いします

3 相手の名前を復唱し、あいさつして名乗る

> A社の川内様でいらっしゃいますね。
> いつもお世話になっております。
> (わたくしが)田仲でございます

4 用件を聞く

申し訳ありませんが、御社の〇〇の商品カタログを3部、送っていただけますか

5 用件を復唱する

かしこまりました。
弊社の〇〇の商品カタログを
川内様に3部お送りいたします。
本日、発送して明日の午後には
お手もとに届くようにいたします

発送を依頼された場合、いつ、相手に届くのかを伝えると、より親切です。相手からの信頼度も増します。

ありがとうございます。
よろしくお願いします

6 あいさつをして電話を切る

お電話をありがとうございます。
それでは失礼いたします

電話は、基本かけてきたほうが先に切ります。相手が切ったことを確認した後に、受話器を置きましょう。

問い合わせや確認の電話を受けたとき

ケース別

自分で対応できるものは、ていねいに応対、
判断できないものは、上司や先輩に相談しましょう。

● 取引先からの問い合わせ例

先日、書類を送っていただくようお願いしましたが、まだ届いていないのですが……

いつ送ったか、日付や時間を明確に伝えると、相手は安心するよ

▼ 自分がその仕事をした場合

申し訳ございません。
ご依頼の書類は、25日の
午後2時〜4時着で手配して
おります。念のため、
確認して折り返しご連絡いたします

▼ 自分ではわからない場合

申し訳ございません。
担当者に確認の上、
折り返しご連絡いたします

📞 こんな言い方も！

「申し訳ございません。わたくしでは、わかりかねますので、担当の者に代わります」

●約束の時間に担当者が来ないと言われたとき

15時に来社するとのことでしたが、まだお見えになりません。加藤さんから、何か連絡が入っていますか

大変申し訳ございません。
確かに、加藤は御社にお伺いする予定になっております。
至急、本人に連絡をとって、ご連絡いたします

相手は、約束自体を忘れているのではないかという不安を抱えているので、外出先を記入するホワイトボードなどで予定を確認して伝えます。

まずは、約束時間に遅れていることをお詫びすること。電話を切ったら、上司や先輩に相談しよう

📞 相手の質問内容がよくわからないとき

❌ 「申し訳ありません。おっしゃっていることが、よくわからないのですが……」

⭕ 「お問い合わせの内容は、○○ということでよろしいでしょうか」

相手の話す内容をよく聞き、自分が理解した内容と相手の伝えたいことが合っているか、ていねいに確認していきましょう。

担当部署への取り次ぎとかけ直しのお願い

ケース別

問い合わせの電話内容が違う部署の場合、
その部署に転送するか、かけ直しのお願いをします。

● 担当部署の案内

> 申し訳ございません。
> そちらのお問い合わせ内容に関しては、
> 弊社の商品管理センターが
> 担当部署となっております

まずは、お詫びの言葉を伝えて、担当部署名を案内します。

商品管理センターを「商管」などの通称ではなく、正式名で案内して

📞 どの部署に取り次げばよいか、わからないとき

「申し訳ございません。そちらのお問い合わせ内容に関しては、別の部署になります。少々お待ちください」と伝え、保留ボタンを押します。上司や先輩に担当部署名を教えてもらい、「お待たせしました。担当部署は商品管理センターとなります」と伝え、転送するか、その部署にかけ直してもらいます。

● 担当部署に転送

> この電話を商品管理センターに
> おつなぎいたしますので、
> 少々お待ちください

転送ができる場合は、担当部署につなぎます。

● 担当部署にかけ直してもらうとき

> 恐れ入りますが、商品管理センターの
> 電話番号を申し上げますので、
> おかけ直しいただけないでしょうか。
> お手数をおかけして申し訳ございません

すぐに電話番号を伝えるのではなく、「おかけ直しいただけないでしょうか」と相手の意向を聞きます。加えて、何度も電話をする手間をお詫びします。

> わかりました。電話番号をお願いします

> では申し上げます。よろしいでしょうか。
> 商品管理センターの番号は、
> ０４８－××××－△△△△になります。
> どうぞよろしくお願いいたします

相手にメモの用意ができたか確認してから、
　　番号をゆっくり伝えよう

STEP 3　電話の受け方

携帯電話の番号を聞かれたら

ケース別

プライベートの携帯電話の番号は、
勝手に教えない、むやみに教えないのが基本です。

● 名指し人の携帯電話番号を聞かれたら

至急、確認したいことがあるのですが、携帯の番号を教えていただけますか

申し訳ございません。
鈴木個人の携帯番号は、会社ではわかりかねます。よろしければ、わたくしが代わりにご用件を承ります

本人の確認なしに、勝手に教えるのはダメだよ

会社で支給されている携帯電話なら、電話番号を教えてもかまいませんが、プライベートフォンの場合は無断で教えるのはNG。用件を聞いた上で、上司や先輩に相談し、その後の対応をしてもらいましょう。

📞 こんな言い方はNG

「携帯電話の番号は、教えてはいけないと言われているので……」

「個人情報なので教えられません」

「教えない」というストレートな言い方をすると、相手に不快な思いをさせます。

● 会社で名指し人の携帯番号がわかっているとき

> 承知いたしました。それではこちらから至急、鈴木に連絡をとり、川内様へご連絡させるようにいたします

会社のほうから名指し人に直接電話して「急ぎで連絡をとりたい」旨を伝え、本人から相手に電話してもらいます。

営業職など、外出することが多い人には、取引先から急ぎの電話があったとき、相手に携帯電話の番号を教えていいか、前もって確認しておくといいよ

● 自分の携帯電話番号を聞かれたら

▼ 会社から支給されているとき

> わたくしの携帯の番号は、090-××××-△△△△です。夜間や休日には対応いたしかねる旨、ご了承くださいませ

▼ 会社から支給されていないとき

> 恐れ入りますが、個人所有の携帯電話は、会社の業務で使用しないことになっております

プライベートフォンの番号は個人情報なので、どうしても教えなくてはいけないものではありません。教えたくない場合は、角が立たないやわらかい断り方を。

仕事関係者に、プライベートフォンの番号を教えるかどうかは自己責任で!

携帯電話に仕事の電話がかかってきたら

ケース別

周囲に配慮して電話に出るようにします。
仕事の話は情報漏えいに注意しましょう。

● 電車やバスから降りてから折り返す

> ○○商事の田仲と申します。
> 先ほど私の携帯にご連絡いただいたようですが、移動中で対応できず、大変失礼いたしました

電車やバスなどで移動中のときは、電話に出ないのが基本だよ

乗り物をいったん降りてから、相手に電話をかけ直そう

📞 会社から支給された携帯電話について

勤務時間中は電源を切らず、いつでも対応できるようにします。会社から携帯番号を教えられた人がかけてくる場合もあるので、電話番号登録していない人からの電話でも、とりあえず出ましょう。通話後は、会社名、名前、電話番号を登録しておくと、次にかかってきたときに誰だかすぐにわかります。

携帯電話で話すときの注意点

⚠ 情報漏えいに注意

大声で話さない

具体的な会社名、商品名をむやみに話さない

進行中のプロジェクト、価格交渉などについては話さない

- ◎ どこでも電話を受けることができる携帯電話は便利なものですが、周囲には不特定多数の人がいることを忘れてはいけません。
- ◎ 街中は騒がしいため、どうしても大きな声で話しがちですが、仕事の電話は会社の機密情報も含まれます。具体的な会社名、個人名、商品名、価格、プロジェクト内容などは、むやみに話さないことです。
- ◎ 話すときは、周囲に人がいない場所に移動し、小さな声で簡潔にすませます。

○込み入った話になりそうなとき

大変申し訳ございません。
ただいま外出先ですので、
この件については会社に戻ってから
改めてご連絡いたします

営業電話を受けたときの対応

ケース別

上級編

営業電話だからといって、失礼な対応は禁物。
短いやりとりで、スムーズに断る術を身につけましょう。

部長さんを
お願いします

どこの誰？
名乗らないし、
役職だけで名前を
言わないなんて……

恐れ入りますが、
どのようなご用件でしょうか

営業電話は、基本的に
取り次がない！

📞 営業電話をとったときの注意点

- ぶっきらぼう、とげとげしい態度で接しない。
- 相手の営業トークに長々と付き合わない。
- 担当者の名前を教えたり、予定を教えたりしない。

● 断り方

> 申し訳ございませんが、ただいま、
> その必要はございません。
> 今後、必要になりましたら、
> こちらからご連絡いたします。
> 今回は、失礼させていただきます

> 営業のご案内は、お断りするように
> （上から）言われておりますので、
> ご了承ください

「今度にしてください」「今、忙しいので」というその場しのぎの言葉ではなく、きっぱりと断ります。

● 相手が一方的に営業トークを始めたとき

> お話中、申し訳ございませんが、
> 失礼いたします

「お話中ですが、電話を切らせていただきます」でもOK。

● 電話を切るときのあいさつ

> これで失礼いたします。
> お電話ありがとうございました

会話を終える意思表示として、お礼の言葉を述べます。

📞 ひと目で営業電話と判断する方法

同じところから頻繁にかかってくる営業電話は、ディスプレーに表示された電話番号をメモしておくと、かかってきた電話が営業電話か否かを判断できます。

営業電話や間違い電話でも電話は静かに切ってね

STEP 3　電話の受け方

クレーム電話を受けたときの対応

ケース別

上級編 まずは不快にさせた謝罪をし、相手の言い分をよく聞いた上で誠実でていねいな対応をしましょう。

おたくの商品を使ったら△×※○△×※○△×※○！！

> このたびは、ご迷惑をおかけして申し訳ございません

> さようでございますか

> 貴重なご意見、ありがとうございました

こんな対応はNG

- 電話を保留にして長くお待たせする。
- いろいろな部署にたらい回しにする。
- 「でも」と言い訳をする。
- 相手を責める。

クレーム電話対応の流れとポイント

POINT 1
不快な思いをさせたことに対して謝罪する (P88参照)

クレームの電話を受けたら、まずは不快にさせてしまったことに対して謝罪の言葉を述べます。興奮して電話をかけている場合もあります。相手の気持ちを落ち着かせる意味でも、お詫びの言葉を伝えます。

POINT 2
相手の言い分を聞き、詳細を確認する (P90参照)

相手の話をよく聞き、クレーム内容を確認します。言い訳をする、相手の言葉を途中でさえぎる、否定をするのは禁物。同意の気持ちを表す言葉を入れながら、相手の言い分を最後まで聞きましょう。内容をメモすることも忘れずに。

POINT 3
解決策を提案、説明する (P92参照)

解決、納得してもらうように打開策の提案や説明をします。商品のクレームなら、商品についてわかる担当者から、かけ直してもらいます。その際、アフターフォローのためにも、相手の名前と連絡先を聞くようにしましょう。

POINT 4
お礼の言葉を述べる (P94参照)

クレームも貴重な意見。今後に活かすためにも、電話を切る前は、感謝の言葉と自分の名前を言います。また、情報を共有するためにも、上司や先輩に報告します。

クレーム対応

① 謝罪の言葉を述べる

冷静に、落ち着いた声のトーンでゆっくりと
不快な思いをさせたことをお詫びします。

**このたびは、ご不快な思いをおかけいたしまして
大変申し訳ございませんでした**

まずは相手に不快な思いを
させたことに対して
お詫びの言葉を伝えよう

📞 全面謝罪はしない

　全容がわからないのに、電話に出てすぐ「全て当社の責任です」と、全面的に非を認めて謝罪すると、後で不利益な要求をされるなど、トラブルになることがあります。電話に出た際は、「不快な気持ちにさせた」という言葉を添えた、部分的な謝罪をします。

○ 部分的なお詫びの言葉

> このたびは、
> ご迷惑をおかけいたしまして
> 誠に申し訳ございません

「誠に(大変)申し訳ございません」だけだと、100%の非を認めるお詫びにとられやすいので、必ず頭に「ご迷惑」「ご不快」「ご不便」といった言葉を添えます。

○ 商品に対してのクレーム

> いつも弊社の商品をご利用
> いただきまして、誠にありがとう
> ございます。このたびは、
> 商品に欠陥があるということで、
> ご不便をおかけいたしまして
> 誠に申し訳ございませんでした

○ 他の部署からクレーム電話がまわってきたとき

> お電話代わりました。
> わたくしは、営業2課の
> 田仲と申します。このたびは、
> お客様をご不快なお気持ちに
> させてしまい、
> 申し訳ございませんでした

名前を名乗ることで、相手は安心し、信頼度もアップします。

📞 相手のペースに巻き込まれない

クレームの電話をする人の多くは、不満や怒りをぶつけてきます。売り言葉に買い言葉とならないよう、ひと呼吸おいて冷静に対処しましょう。

クレーム対応

② 相手の話を聞いて詳細を確認する

まずは、相手の言い分を途中でさえぎることなく、よく話を聞いて、クレーム内容を確認します。

もう△×※○△×※○△×※○で……

だから△×※○△×※○△×※○……

どのような内容か、お聞かせいただけますか

はい

さようでございましたか

「あなたの話をちゃんと聞いていますよ」という姿勢を伝えるためにも、「はい」「さようでございますか」と、相手の言い分を受け止める同意の言葉を入れましょう。

はい、はい、はいと、連続で早く言うと、「わかってるわよ」と、とらえられるので「はい」は1回でね！

○ 相手に同意する相づち

さようでございますか

○○ということでございますか

はい、おっしゃるとおりで
ございます

相手の言葉にかぶせず、
上手に相づちして

○ 詳細の確認

それでは、
内容を確認させていただいても
よろしいでしょうか

恐れ入りますが、
そのときの状況を詳しく教えて
いただけますでしょうか

クレーム内容の詳細を聞き、確認するときも、ていねいな言葉づかいを心がけましょう。

> 📞 **クレーム内容は5W3Hを基本にしてメモを**
>
> 　相手から聞いた話は、正確にメモしましょう。「いつ」「どこで」「誰が」「何を」「なぜ」「どのように」「いくら」「いくつ」の5W3Hに基づいて、確認しながら書くと、内容が整理されます。

解決策を提案または担当者からかけ直す

クレーム対応 ③

話を聞いた上で、相手が納得する解決策を提案します。または連絡先を聞いて担当者からかけ直しましょう。

○ 解決策を提案するとき

提案のときは、押しつけにならないよう依頼形で話しましょう。

こんな言い方はNG

✗「これ以上の解決策は考えられません」
✗「当社では、そうしたことに対応していません」

はねつけたり、都合ばかりを押しつけたりするような言葉は、かえって反感を買います。相手が気持ちよく納得できることを、提案するようにしましょう。

○ 提案・説明しても納得してもらえないとき

かしこまりました。それでは、上の者と相談いたしまして、折り返しご連絡させていただきます

「再度検討してご提案する」という方法をとります。時間をおくことは、相手の気持ちを落ち着かせることにもつながります。

○ 自分では対応できないので、担当者から電話させるとき

確認の上、担当より、折り返しお電話を差し上げます。恐れ入りますが、お名前とご連絡先をお聞かせいただけますでしょうか

自分ではわからない場合は、相手の連絡先を聞いて、詳しく説明できる担当者から折り返しの電話をしてもらいましょう。

無理して自分で何とかしようとせず、折り返しの電話の約束をして上司や先輩に相談を

📞 社員についてのクレーム

あいさつをしない、敬語ができない、横柄な態度の社員に対して、「社員の教育がなっていない」というクレームが入る場合があります。その場合は、まず非礼をお詫びし、上司や先輩に電話を代わってもらいます。自分のことを振り返って、気持ちよく仕事をしていくために必要なビジネスマナーは、きちんと身につけましょう。

クレーム対応

④ 感謝の言葉を述べて電話を切る

クレームは、取引先やお客様の声。貴重な意見ととらえて、電話を切るときは感謝の言葉を述べましょう。

このたびは、貴重なご意見をありがとうございました。わたくし田仲が、確かに承りました

こう言われると、相手も気持ちよく電話を切ってくれるよ

誠実に対応すれば、企業イメージもアップ！クレーム電話対応は、とっても重要なんだ

感謝の言葉と、「いただいた貴重なご意見は、責任を持って今後に活かします」という意味で、自分の名前も伝えます。

このたびご指摘いただいた点は、
ごもっともなことで、
とても勉強になりました。
ありがとうございました

「勉強になった」など、会社のためになったお礼を伝えます。

本日は、お電話をありがとう
ございました。
わたくし、田仲が承りました

わざわざ電話して意見してくれたことに対して、お礼の言葉を伝えます。

〇 フォローのあいさつ

わたくし、田仲と申します。
何か（ご不明点など）ありましたら、
わたくしまで、ご連絡いただければ
と思います。
今後ともどうぞよろしく
お願いいたします

こう言ってもらうと、安心するよね

COLUMN

電話番号を聞き損ねたら

伝言を預かる際は、相手の電話番号を聞くことが重要です。しかし、相手の電話番号を聞くのを忘れてしまった場合は、次のような方法で調べてみましょう。

電話の着信履歴のボタンを押す

電話を切った後すぐに気づいたら、電話の着信履歴ボタンを押しましょう。相手の電話番号がディスプレーに表示されます。数件前の場合は、電話をとった時間を頼りに履歴を逆上ります。ただし、その場合は前後の電話番号も確認して、間違えないようにします。

※機種により異なるので確認を。

会社のホームページから探す

社名がわかっていたら、会社のホームページから電話番号を調べるという方法もあります。ただし、代表電話だけで、部署の直通番号まで掲載されていないことが少なくありません。

STEP 4
電話のかけ方

ビジネスマナーの基本は思いやりの心。
電話をかけるときは、相手の都合を考えながら
失礼のないフレーズでスムーズに進めましょう。

電話をかける前に

PHONE MANNERS

相手に正確・簡潔に用件を伝えるためには、
前もって内容を整理しておくことが大切です。

電話をかけるときの準備

準備1

話の要点をまとめておく

何のために電話をかけるのか、手元のメモに用件のポイントをまとめて書いておくと順序よく説明ができ、伝え忘れも防ぐことができます。とくに日時・場所・参加者名など、間違えてはいけないことは必ずメモを見ながら話します。

○月×日(△) 16時〜
A社 打ち合わせ
場所：〜〜〜
参加者：〜〜〜
〜〜〜
〜〜〜

準備2

電話をかける時間に配慮する

急用の場合を除いて、始業直後、昼休み、終業直前は避けること。相手が席を外していたり、あわただしく働いている可能性があるからです。さらにかけ間違いがないように、相手先の電話番号・部署名・氏名を確認。相手が出たら、「今、お時間よろしいでしょうか」とお伺いをしてから本題に入ります。

準備3

メモとペンを用意する

あらかじめメモ用紙と筆記用具を用意し、電話で話しながら必要な内容をメモします。とくに日時や場所の間違いは大きなミスにつながるので、しっかり記録を残しましょう。住所や電話番号、メールアドレスを教えられた場合は、必ず復唱して確認します。

電話をかけるときの流れ

基本のかけ方

1 電話をかける

メモを用意し、相手の電話番号を間違えたりしないよう一つひとつの数字を確かめながらかけましょう。

○○社の小島課長は
企画部。
電話番号は
5×××の8△△△

スケジュール帳

事前に要点をまとめたメモ

同じ部署に、同姓の人がいる場合も。
役職がわかれば役職名を、
ない場合はフルネームを頭に入れておくといいよ

📞 電話をかける前に時間をチェック

相手の会社の就業時間を確認してから、かけましょう。また、外出が多い営業職の人に電話をかけるときは、朝や夕方など比較的デスクにいる時間を見計らって、電話をするようにします。

[名刺交換した人に電話をかけるとき]

名刺交換後に、初めて電話する場合は、名刺で部署名や役職、内線番号などを確認して、電話をかけましょう。

相手の会社名、名前は間違えないようにね

[コールしても出ない]

10コール以上、電話の呼び出し音を待っても出ない場合は、いったん切りましょう。

他の電話に対応中かも。呼び出し音は鳴らしすぎないようにしよう

> 📞 **よく電話をする人の番号は短縮登録を**
>
> 　頻繁に連絡を取り合う会社(人)は、電話機の短縮登録を利用してワンタッチで電話がかけられるようにすると便利です。そうすると、間違い電話をすることもありません。上手に利用しましょう。

基本のかけ方

② 相手が出たら名乗る

相手が電話に出て、会社名を言ったら、
自分の会社名と名前を名乗りましょう。

「いつもお世話になっております。
〇〇商事の加藤です」

「いつもお世話になっております」と、社名・名前（名字）はワンセットのあいさつです。

相手が聞き取りやすいよう、
ひと呼吸おいてから
名乗るようにして

📞 こんな言い方はNG

❌ 「すみません。〇〇商事です」
❌ 「あっ、〇〇社さんですか？ 〇〇商事の加藤です」

開口一番、「すみません」はあいさつとして不適切。社名だけ名乗るのもマナー違反。また、相手が名乗ったのに、さらに復唱して確かめるのは失礼です。

STEP 4 電話のかけ方

● 初めての相手に電話をかけるとき

> 初めまして、
> 突然のお電話で失礼いたします。
> わたくし、〇〇商事の
> 加藤と申します

「初めてお電話いたします」の後に名乗ってもOK。

電話の第一印象をよくするためにも、
ハキハキとした元気な声で名乗ろう

● 最近会った人に電話をかけるとき

> お世話になっております。
> 〇〇商事の加藤です。
> 先日はありがとうございました

● 内線電話の場合

> お疲れ様です。
> 営業1課の加藤です

社内電話の場合は、会社名を名乗る必要はありません。所属部署と名前(名字)だけでOK。なお、名乗りの前に「お疲れ様です」というあいさつを添えるとていねいです。

「ご苦労様です」は、
目上が目下をねぎらう言葉だから気をつけて

基本のかけ方

③ 取り次ぎをお願いする

電話に出た人に、自分の社名・名前を名乗った後は、
話をしたい人の名前を伝えます。

恐れ入りますが、
企画部の小島様は
いらっしゃいますでしょうか

直通電話の場合は、
部署名は言わなくていいよ

📞 こんな言い方も

「恐れ入りますが、企画部の小島様をお願いできますでしょうか」

● 役職をつけるとき

> 恐れ入りますが、
> 企画部の小島課長は
> いらっしゃいますでしょうか

「企画部課長の小島様」という言い方でもOK。

● 同姓の人がいるとき

> 恐れ入りますが、
> 企画部の小島晃一様は
> いらっしゃいますか

同じ部署に同姓の人がいる場合は、フルネームを言ったり、役職名をつけたりすると、取り次ぎがスムーズです。

● 担当者がわからないとき

> 恐れ入りますが、
> 〇〇のご担当の方を
> お願いできますでしょうか

📞 相手の操作ミスで電話が切れてしまったら

取り次ぎで保留ボタンを押すところを、間違って切ってしまうことも。取り次ぎ中に電話が切れたら、受話器を置いてかけ直します。その際は自分に非がなくても、「電話が切れてしまったようで申し訳ありませんが、〇〇様をお願いできますでしょうか」と伝えましょう。

基本のかけ方

4 名指し人が出たら
名指し人が不在 ⇒ P116へ

担当者が電話に出たら、
再び名乗ってあいさつをしましょう。

はい、お電話代わりました。
小島です

お世話になっております。
〇〇商事の加藤です

相手が話し
終わらないうちに、
話すのはマナー違反

取り次ぎのとき、どこの誰からの電話かは、伝えられていると思いますが、再度名乗ることで、相手も確認ができます。

● 直接、本人が電話に出たときの流れ

はい、〇〇社でございます

いつもお世話になっております。
〇〇商事の加藤ですが、
企画部の小島様は
いらっしゃいますでしょうか

わたくしですが

お世話になっております

※この後は、基本のかけ方5（P110）へ。

用件を話す前に、
改めてあいさつをしたほうが、
相手も用件を聞く準備ができるよ

基本のかけ方

⑤ 用件を話す

話を聞いてもらえる時間があるかどうか確認し、
用件を簡潔かつ正確に伝えましょう。

○○の件について、
確認したいことがあり、
お電話いたしました。
5分ほど、お時間よろしいでしょうか

まずは何の用件か伝えること！

📞 用件を話す前に

「今、お話ししてもよろしいでしょうか」

相手の都合を確認してから用件を話すようにしましょう！

「5W3H」を基本に、順序立てて話す

STEP 4 電話のかけ方

○○の件ですが、5日までにA案とB案のお見積書を小島様にお送りいたしますので、ご検討をお願いいたします

事前に用意したメモ、日程表や資料などを用意し、チェックしながら説明すると、要領よく話すことができるよ

仕事に必要な5W3H

- **W**HAT　　　　　何を（用件の内容や目的）
- **W**HEN　　　　　いつ、いつまでに（期限、日程、時間）
- **W**HERE　　　　どこで、どこへ（場所）
- **W**HO　　　　　誰が、誰に（担当者や関係者）
- **W**HY　　　　　なぜ、何のために（理由）
- **H**OW TO　　　　どのように（方法、手段、道具など）
- **H**OW MUCH　　　いくら（予算、費用）
- **H**OW MANY　　　いくつ（数量）

基本のかけ方

用件を確認する

お互いの理解が一致しているかを確認。
重要なことは再度伝えます。

○○の件、△△の商品のみ大阪支社に送ること、承知いたしました

確認のときは、「わかりました」ではなく、「承知しました」と言うこと！

● 用件が「発注」の場合

> それでは○○を10セット、
> 10日までにお送りください。
> どうぞよろしくお願いいたします

商品の数や納品日などを再度確認します。

● メールも使って確実に伝える

> この件については、
> メールもお送りいたしますので
> どうぞよろしくお願いいたします

時間がないときや急用のときは、まずは電話で用件を話した上でメールすると、正確かつ確実に相手へ伝えることができます。

お互いにメールの内容で
確認し合えるので安心だね

📞 重要なことは、しっかり確認を

　日付、数量、送り先など、重要なことは復唱し、確認し合うことが大切です。さらに、「先ほどのお電話の件、念のためメールでもお送りします」などと、確認のメールをしておくと確実です。

基本のかけ方

電話を切るときのあいさつ

時間をとってもらったお礼を述べた後、静かに電話を切ります。

本日はお忙しいところありがとうございました

時間をとって話を聞いていただいた感謝の気持ちを伝えて！

STEP 4 電話のかけ方

> お忙しいところ、
> お時間をいただきまして
> 誠にありがとうございました。
> 失礼いたします

「失礼いたします」「ごめんくださいませ」のひと言を添えると、よりていねいな印象になります。

［電話の切り方］

- 話が終わったら、3秒ほどおいてかけた側が先に切るのが一般的ですが、相手が取引先やお客様など、立場が上の人の場合は、相手が切ったのを確認してから切りましょう。

- 切るときは、フックを手で押した後に、受話器を置きます。

ガチャンと乱暴に
受話器を置くのはNG

名指し人が不在だったとき

ケース別

不在の人に至急連絡がとりたいとき⇒P118へ
折り返しの電話がほしいとき⇒P120へ

予定を聞いた上で、どうするか判断します。
用件によっては代わりの人をお願いしましょう。

[かけ直す]

> あいにく小島は外出中でございます。
> 15時には帰社予定ですが、
> いかがいたしましょうか

> 承知いたしました。
> それでは、15時過ぎに
> 改めてご連絡いたします

相手が戻る時間に自分が不在予定のときは、「15時頃は私も外出しておりますので、16時過ぎに改めてご連絡します」などと伝えます。

社内にいて
離席しているようなら、
少し時間をあけて電話を

📞 電話をかけるタイミングを聞くとき

「〇〇様は、何時頃にお戻りの予定でしょうか」
「何時頃にご連絡するのがよろしいでしょうか」

[伝言を残す]

> それではお手数ですが、
> 伝言をお願いしてもよろしいでしょうか。
> 12日の説明会ですが、
> 延期になりました旨をお伝えください

直接、本人と話がしたいときは「お手数ですが、折り返しご連絡をいただけませんでしょうか」と併せて伝言をお願いしましょう。

> 加藤より電話があった旨、
> お伝えいただけますでしょうか

急ぎではないとき、時間をおいてかけ直すときなどは、電話があったことだけ伝えてもらいます。

● 伝言を頼んだ相手の名前を確認

> 失礼ですが、
> お名前を伺ってもよろしいでしょうか

伝言をお願いした後、相手が自分の名前を名乗らない場合は、名前を確認してメモしておきましょう。

しっかり伝言してもらうためにも、名前はしっかり確認を

📞 不在のときの選択肢

1. かけ直す
2. 伝言を残す
3. 折り返しの電話を依頼する（P120参照）
4. 緊急に連絡をとりたい旨を伝える（P118参照）
5. 代わりの人に取り次いでもらう

不在の人に至急、連絡をとりたいとき

ケース別

まず、緊急に連絡をとりたい旨を伝えます。
緊急時のお願いは「よりていねいに」を心がけましょう。

恐れ入りますが、大至急、
小島様と連絡をとりたいのですが、
お願いできますでしょうか

緊急に連絡をとりたいのは、
こちらの都合なので、
できるだけ避けて！

あせっていると、
つい乱暴な言い方に
なりがちだから気をつけて

📞 こんな言い方はNG

❌「とにかく急いでいるので、何とかしてもらえませんか」
❌「どうしても携帯番号を教えていただくことはできないのですか」

相手を責めたり、困らせたりするようなお願いの仕方は避けましょう。

● 連絡の仕方がわからないとき

> 恐れ入りますが、小島様に
> 至急の用件がございますので、
> ご連絡の方法を
> 教えていただけませんでしょうか

● 期限が迫っているとき

> お忙しいところ申し訳ございません。
> 本日夕方4時までに加藤あてに
> 連絡をいただきたいのですが、
> 小島様に連絡を
> とっていただけませんでしょうか

期限がある場合は、
時間を伝えてお願いして

● 携帯電話がつながらないとき

> 小島様より伺っている会社の
> 携帯番号に連絡をしたのですが、
> つながらない状態です。
> 大変申し訳ございませんが、
> 他に連絡がとれる方法は
> ございますでしょうか

知っている方法以外に連絡手段があるのかを念のため
確認することで、本人と連絡がとれることもあります。

折り返しの電話が ほしいとき・いらないとき

ケース別

名指し人が不在のときは、折り返しの電話をお願いするか、改めてかけ直します。

小島はただいま
席をはずしております

恐縮ですが、お戻り次第、
加藤までご連絡
いただけませんでしょうか

自分の用件のために、
相手から電話をもらうので、
ていねいな言い方をして！

［折り返しの電話を提案されたとき］

● 折り返しの電話がほしいとき

> お手数をおかけいたしますが、よろしくお願いいたします

電話をかけてくれるという申し出には、「お手数をおかけしますが」という表現を使います。「お手数」とは、手を煩わせるという意味です。

● 折り返しの電話がいらないとき

> それには及びません。こちらから改めてご連絡いたします

「結構です」「いいです」など、ストレートな断り方をせず、「その必要はない」という意味で「それには及びません」という表現を使ったほうがスマートです。

● 折り返しの電話がないとき

> 小島様は、お戻りでしょうか

「お戻り」という表現を使うことで、その前に電話をしたことが相手に伝わります。「折り返しの電話をお願いしたのですが」という表現は、相手を否定しているとも受けとめられるので避けましょう。

不在中の電話に対して電話をかけるとき

ケース別

まずは不在にしていたことをお詫びした後に、
どんな用件だったかをたずねます。

先ほどは席をはずしており、申し訳ございませんでした

名乗った後、
不在のお詫びをして

📞 こんな言い方も

「先ほどは外出をしており、申し訳ございませんでした」
「ご連絡をいただいた際、接客中にて対応できず申し訳ございませんでした」

STEP 4 電話のかけ方

● 伝言を聞いた上で折り返すとき

> 先ほどはお電話をいただき、
> 申し訳ございませんでした。
> 日程が変更した件、
> 確かに承りました

自分が言ったことが、ちゃんと伝わっているって、相手も安心するね

● 問い合わせに対して折り返すとき

> 先ほどは、お問い合わせいただき、
> ありがとうございました。
> 担当の加藤と申します

問い合わせに対しての担当者であることを伝えて名前を名乗ろう

● 電話があった旨だけ伝えられたとき

> 先ほどは電話に出ることができず、
> 申し訳ございませんでした。
> どのようなご用件でしょうか

連絡をいただいたお礼をしてから、本題に入ります。

アポイントをとるとき

ケース別

面談の約束の電話は、相手が多忙な時間帯を避けて連絡。相手に訪問の目的や所要時間を伝えます。

[面談を申し込む]

> お世話になっております。
> ○○商事の加藤でございます。
> △△の件で、お伺いしたいのですが、
> 30分ほどお時間をとっていただけませんでしょうか

目的と所要時間を伝えて会ってもらう約束を

アポイントをとるときは、自分のスケジュールや同行者のスケジュールを把握してから電話をかけましょう。

[訪問日時を決める]

そうですね。来週以降なら

ありがとうございます。
10日の火曜日と12日の木曜日
でしたら何時でもお伺いできます。
小島様のご都合はいかがでしょうか

日時の候補は複数伝えて、都合のよい日を選んでもらうようにするのがベスト。

[日時などの確認]

いいですよ。
では、10日の10時はどうですか

それでは、6月10日の火曜日の10時、
部長の山田とわたくし加藤の2名で
お伺いいたします。
どうぞよろしくお願いいたします

同行者がいれば、名前や人数を伝えます。

> 📞 **アポイント内容をメールで送る**
>
> 　電話を切った後、面談のお礼もかねて、日時、場所、同行者(人数)についてメールを送ると、正確な情報が共有できてお互いに安心です。

アポイントの変更を
お願いするとき

やむを得ない理由で、面談の日時を変更してもらう際は、
ていねいにお詫びをして、新たに日程の調整をお願いします。

大変申し上げにくいのですが、
10日10時の打ち合わせの日にちを
変更させていただけませんでしょうか

こちらの都合で変更を
お願いするんだから、
ていねいに

こんな言い方も

「急なお願いで申し上げにくいのですが〜」
「誠に申し訳ございませんが〜」

● 日時を決める

本当に勝手を申しまして恐縮です。
来週は10日以外、
ご都合はいかがでしょうか

いろいろ予定が入ってきて
来週は13日しかあいていないのですが

かしこまりました。それでは、
13日の金曜日でお願いいたします。
何時にお伺いすれば
よろしいでしょうか

14時はどうですか

はい。では、13日の14時に
お伺いいたします。
このたびは、こちらの都合で
本当に申し訳ございません。
当日は、どうぞよろしく
お願いいたします

当日は、日程の変更のお詫びと、
日程調整してくれたことへのお礼を述べてね

道に迷い訪問先に場所をたずねるとき

ケース別

道に迷ったら、早めに訪問先に連絡をし、
自分の居場所を伝えて道案内してもらいましょう。

> お世話になっております。
> 〇〇商事の加藤と申します。
> 御社の近くまで来ているのですが、
> 迷ってしまいました

> 今、××銀行の前におります。
> 申し訳ございませんが、(ここからの) 道順を
> 教えていただけませんでしょうか

スマホの地図画面を見ながら向かっても、わからなくなるときがあるよね

● 自分の居場所を教えるとき

> ○○の交差点におります。
> 通りを渡ったところに、
> ガラス張りのビルがあります

> 今、公園の入り口を背にして
> 立っています。
> その前はマンションです

相手に伝わりやすいように目印になるもの、目に映るものを説明します。自分が何を背にしているのかを伝えると、左右、まっすぐなど、相手は誘導しやすくなります。

落ち着いて、
相手にわかるように説明して

● 電話に出た人に道案内をしてもらったら

> ありがとうございます。
> これから向かいます。
> 恐れ入りますが、小島様に約束の
> 時間を少し過ぎてしまうかもしれないと
> お伝えいただけませんでしょうか。
> よろしくお願いいたします

迷ったら早めに電話をして行き方を確認し、約束の時間に間に合いそうもない場合は、「恐れ入りますが、○○様に約束の時間を過ぎてしまうかもしれないとお伝えいただけますでしょうか」と伝言してもらいましょう。

道に迷うこともあるので
初めての訪問先は時間に
余裕を持って出かけよう！

問い合わせをするとき

ケース別

長々とした前置きは禁物。何についての問い合わせなのかを最初に伝えるようにします。

お忙しい中、恐れ入ります。
先ほどのメールでお送りいただいた書類について、
一つ確認したいことがございます。
今、よろしいでしょうか

相手の都合を
聞くことも大切

確認したいことを
結論から伝えよう

● 担当者がわからないとき

> 恐れ入りますが、〇〇の商品について
> 教えてほしいことがございます。
> ご担当の方はいらっしゃいますでしょうか

問い合わせ内容を明確に伝えた上で、担当者にまわしてもらおう

● 回答をもらったら

> 承知いたしました。
> それでは、〇〇のようにいたします。
> お手数をおかけいたしました。
> ありがとうございました

回答内容を復唱した後、お礼の言葉を述べます。

📞 こんな言い方はNG

✖ 「いただいたメールだと、よくわからないのですが〜」
✖ 「わかる人に代わってもらえますか」

相手を責めるような言い方、上から目線の態度はやめましょう。

催促をするとき

ケース別

相手を責めるような言い方は禁物。
相手に失礼のない言い方を心がけましょう。

商品が、まだこちらに届いていないようです。
恐れ入りますが、確認していただけませんでしょうか

こちらの確認ミス
ということもあるから、
低姿勢にね

📞 催促は「依頼形」&「遠回しな表現」で

「〜いただけますでしょうか」
「いかがでしょうか」
「まだ、〜していただいておりません」

● メールの催促をするとき

> ○○のスケジュールのメールをお待ちしておりますが、まだ届いていないようです。
> こちらの受信トラブルかもしれませんが、お調べいただけませんでしょうか

もしも、自分側の受信トラブルの場合は、改めてその旨を電話でお詫びしましょう。また、メールが届いたら、相手に「今、届きました。お手数をおかけしました。申し訳ありません」と電話します。

● 確認のお願いの後に

> すでにお送りいただいておりましたら
> 大変申し訳ございません

書類や品物の発送の催促の場合、行き違いという場合もあるので、確認をお願いした後に、この言葉を添えるようにします。

相手が間違っていると、決めつけるのはダメだよ

● 最後に添える言葉

> ご多忙中、
> お手数をおかけいたしますが、
> どうぞよろしくお願いいたします

相手を気づかう、ていねいなあいさつを

お詫びをするとき

ケース別

本来、直接会って謝罪をするものですが、
まずは電話でお詫びをします。誠意を持って謝りましょう。

> ○○の件、お電話で恐縮ですが、
> とにかくお詫びを申し上げたく、
> ご連絡いたしました

言い訳をせず、
非を認めて謝罪を。
電話をした後、
改めてお詫びに伺いましょう

📞 こんな言い方も

「ご迷惑をおかけしたことをお詫び申し上げます」
「期日が遅れまして、大変申し訳ございません」
「このたびは、ご迷惑をおかけして申し訳ございません」

● 約束が守れなかったとき

> このたびは、ご迷惑をおかけして誠に申し訳ございませんでした

約束を守れなかった理由が何であれ、まずはお詫びをします。

● トラブルがあったとき

> こちらの不手際で大変申し訳ございません

「不手際をお詫びいたします」でも。とにかくミスをお詫びします。

● メールを誤送信してしまったとき

> 大変申し訳ございません。
> 先ほど、小島様に誤ったメールをお送りしてしまいました

アドレスを間違って違う人に送ってしまった場合も、すぐに電話をして謝罪し、メールを削除してもらうようお願いします。

誤送信に気づいたら、
とにかくすぐに相手に電話して

お礼をするとき

ケース別

お礼の電話はできるだけ早くかけたほうが、感謝の気持ちが伝わります。信頼関係を築くチャンスでもあります。

> ひと言、お礼を申し上げたいと思いましてお電話いたしました

まず、お礼の電話だということを伝えます。その後に具体的に何に感謝しているのかを述べます。

お礼の電話はスピードが命！日が経ってからではダメよ

📞 こんな言い方も

「直接お話を伺うことができ、大変勉強になりました」

「おかげ様で、〇〇〇することができました。
ご報告かたがたお礼を申し上げたく、ご連絡いたしました」

STEP 4 電話のかけ方

● 面談のお礼をするとき

> 昨日は、お忙しい中、
> お時間をつくっていただき
> ありがとうございました。
> じっくりとお話を伺うことで、
> ○○の件に対する方向性が
> 確認できました

何に感謝しているのかを具体的に伝えると、相手により感謝の気持ちが伝わります。

● 人を紹介してもらったお礼をするとき

> 先日、ご紹介いただきました
> ○○社の安田様に
> 本日お会いしました。
> 先方といろいろお話ができ、
> 今後の仕事につながりそうです。
> よい方をご紹介いただき、
> 感謝いたします

● お礼したい人が不在のとき

> ひと言、お礼を申し上げたいと思い、
> お電話させていただきました。
> また改めてご連絡いたします

お礼の内容は伝言ではなく、本人に直接伝えます。電話に出た人には、お礼を言いたかったことだけを伝え、改めてかけ直します。

お断りをするとき

ケース別

相手に不愉快な思いをさせないように、
クッション言葉を使って上手に断りましょう。

申し訳ございませんが、○○の件、今回は見合わせることになりました

断るのは言いづらくて後回しになりがちだけど、早く伝えるようにして

📞 断るときのクッション言葉

「残念ですが〜」

「大変心苦しいのですが〜」

「大変ありがたいお話ですが〜」

「見送らせていただきます」

「ご遠慮いたします」

● 仕事の依頼などを断るとき

> せっかくのお話ですが、
> スケジュール調整が難しく
> 非常に残念ではございますが、
> 今回は辞退させていただきます

● セミナーへの参加を断るとき

> とても興味あるセミナーですが、
> あいにくその日は
> 他の予定が入っており
> 伺うことができません

クッション言葉は、ストレートな言い方をやわらげる効果があります。「断る」という言いづらいことも、クッション言葉を使えば伝えやすくなります。

やわらかい声のトーンで
上手に伝えて

● お断りをした後に

> このたびは、お誘いいただいて
> ありがとうございます

依頼や案内をしてくれた行為に対して感謝の気持ちを伝えましょう。

間違い電話をかけたとき

ケース別

電話をかけ間違えたときは、すぐに謝罪をして
電話を切るようにしましょう。

大変失礼いたしました。
番号を間違えておりました。
失礼いたします

あせったり、
さわいだりしないで、
すぐに謝罪を

こんな言い方はNG

✗ 「あっ、間違えた！　ごめんなさい」
✗ 「番号を間違えちゃったみたいで、どうもすみません」

きちんと「申し訳ございません」「失礼いたします」というお詫びの言葉を言うのがマナー。無言で切るのはもってのほかです。

● 電話番号を確認

> 大変失礼いたしました。
> 恐れ入りますが、そちらは
> 03－××××－△△△△では
> ございませんか

メモなどに書かれた電話番号が間違っていたら、何度かけても同じです。相手の電話番号を確認させてもらうと、何度も間違うということが避けられます。

間違い電話をかけている相手なので、番号を聞くときもていねいに

● かけた番号が合っているとき

> さようでございますか。
> 確認してみます。
> 大変失礼いたしました

間違いを確認したら、お詫びの言葉を述べて切ります。電話番号を再度確認し、同じ人に間違い電話をかけないようにしましょう。

自分のかけ間違いということも。
改めて電話してみて

📞 間違えて違う取引先に電話した場合

会社名と名前を名乗った上で、「大変失礼しました。間違えてしまいました。失礼いたします」と、ていねいにお詫びしましょう。電話の短縮ボタンの押し間違いで、かかってしまうことも。電話をするときは、十分に注意して。

会社に遅刻の連絡をするとき

寝坊、電車の遅延などで会社に遅れるときは上司に必ず電話で連絡をしましょう。

まずはお詫びの言葉を！

> おはようございます。
> 営業2課の田仲です。
> 山田部長をお願いします

> 申し訳ございません。
> 寝坊をしてしまいまして、
> 15分ほど遅れます。
> よろしくお願いいたします

遅刻の理由は正直にね

どうして電話連絡？

電話はメールと違って、連絡してすぐに相手に情報を伝えることができます。遅刻は、仕事に影響する緊急性の高いものなので、メールではなく電話連絡が基本です。

● 電車遅延で遅刻するとき

> 申し訳ございません。
> 電車が遅れまして、今、
> ○○駅に着いたところです。
> 9時半には会社に着く予定です。
> よろしくお願いいたします

電車内に閉じ込められている場合は、上司や同僚などに遅刻することや状況をメールで説明しても。電車を降りてから改めて上司に電話して出社できる時間を伝えます。

● 仕事の引き継ぎをお願いするとき

> 申し訳ございません。
> 電車の事故で出社が10時頃になりそうです。
> 会議資料は、○○さんに渡していただけますでしょうか

仕事の引き継ぎや対応を上司や同僚に伝えてフォローしてもらいます。

仕事に支障がないように、
きちんと報告・相談を

📞 遅刻連絡のマナー

● **始業前に上司に連絡する**
　上司が離席しているときは、電話口に出た人に遅刻することを伝え、時間をおいて上司に再度連絡をしましょう。

● **遅刻理由・出社予定時間を伝える**
　遅刻する理由と、どのぐらい遅刻するのか、出社予定時間を伝えます。

会社を休むとき

無断欠勤は、社会人失格。病気などでやむを得ず会社を休むときは、電話連絡を怠らないようにしましょう。

おはようございます。
営業2課の田仲です。
山田部長をお願いします。

申し訳ございません。
かぜをひいてしまいましたので
本日はお休みを
いただけませんでしょうか

遅刻連絡（P142参照）同様、
欠勤の連絡も
上司に電話連絡が基本！

急な欠勤は、職場の人に仕事をお願いすることになるなど迷惑をかけるものです。まずは休むことに対して謝罪し、休む理由を伝えて、休んでよいか上司にお伺いを立てます。

●仕事のフォローをお願いするとき

> 現在、私が担当している〇〇〇の件ですが、高木さんと一緒に進めておりますので、何かございましたら高木さんに確認していただけますか

仕事に支障がないようにしよう

●電話を切るときのあいさつ

> 本当に申し訳ございませんが、よろしくお願いいたします

病院を受診してインフルエンザだった場合は、出社できる日を上司に連絡して

📞 欠勤連絡のマナー

● **始業10分前には連絡を**

上司が出勤するタイミングで連絡をします。なお、仕事の調整をお願いするためにも、遅くても始業10分前には連絡をするようにします。

● **上司に仕事の予定を報告・相談**

その日に行うはずだった仕事の予定を上司に報告します。仕事の内容によっては日程の変更や、誰かに代わってもらうなど、上司と相談してサポートやフォローをお願いします。

STEP 4　電話のかけ方

携帯電話に
かけるときの注意点

固定電話以上に、携帯電話にかけるときは
相手への配慮が必要です。マナーを守って連絡しましょう。

かける前に確認

POINT 1

名刺に携帯番号が記載されている場合は、前もって、どちらにかければよいかを確認しておきます。「普段は会社に」と言われた場合は、緊急時のみ携帯にかけるようにしましょう。

笹川さん、外出中か……

名刺には携帯番号があるけど、かけてもいいかな

仕事の電話は、固定電話が基本。「連絡は携帯に」と指示されている人だけにして！

かける時間帯に配慮

携帯電話は、24時間本人と連絡が可能です。だからといって、就業時間以外の早朝や夜遅い時間にかけるのはマナー違反です。よほどの緊急時以外は、就業時間外にかけるのは避けましょう。

相手の携帯電話が会社支給の場合

会社の部署によっては、社員全員に携帯電話が支給されて、仕事のやりとりを全て携帯電話で行っているところもあります。その場合は、普段から携帯電話にかけます。ただし、会社や個人によって、就業時間以外は会社のデスクに置いて電話をとらないケースも。その場合は、前もって緊急時の対応の仕方を確認しておくと安心です。

取引先の人の 携帯電話にかけるとき

ケース別

携帯電話にかけるときは、
相手が電話で話せる状況か、十分に配慮しましょう。

1 名乗る

○○商事の田仲と申します

相手が聞き取りやすいよう
はっきり名乗って

📞 取引先の会社の人から携帯番号を聞いたとき

「御社の中井様より、携帯の番号を教えていただきました」

突然、番号を教えていない人から電話がかかってくると、相手は驚きます。なぜ、番号を知り得たかを説明すると、相手は安心します。

名乗った後、このひと言を添えると、よりていねい

● 緊急で連絡したとき

外出先にまでお電話してしまい申し訳ございません

携帯にまでお電話してしまい申し訳ございません

 普段から携帯電話でやりとりしている場合は、このひと言は不要

● 急用で就業時間外に連絡したとき

朝、早くに失礼いたします

夜分遅くに申し訳ございません

お休み中のところ、お電話してしまい申し訳ございません

 20時以降は、「夜分遅く」という言葉を添えて

2　何の用件かを伝える

> ○○○の件で
> ご連絡いたしました

はじめに何の用件で電話をしたかを手短に伝えます。いきなり長々と用件を言ってはいけません。

 ## 3　了解をとる

> 今、お話ししても
> よろしいでしょうか

> 今、お時間
> よろしいでしょうか

移動中や周囲に人が多い場合もあります。電話で話せる状態かどうか、相手の状況を聞いて、話を続けてよいか了解を得ます。

4 用件を伝える

> ○○○を15日までに××社へ
> お送りいただくことは
> 可能でしょうか

● 緊急で連絡をしたとき

> 外出先にまでお電話してしまい、
> 申し訳ございません。
> △△△の件で、至急連絡したい
> ことがあり、お電話しました。
> 今、お話してもよろしいでしょうか

相手が「はい」と言ったら、詳しく用件を話して

● かけ直すと言われたら

> 申し訳ございませんが、
> どうぞよろしくお願いいたします

携帯電話は、着信記録が残るので、電話番号を伝える必要はありませんが、自分の携帯などかけてほしい番号があれば、その番号を伝えます。

携帯電話にかけたら留守番電話だったとき

ケース別

伝言したいとき、折り返しの電話がほしいときは留守番電話にメッセージを残しましょう。

> あ、留守電になってる……

> 小島様のお電話でしょうか。
> 〇〇商事の加藤です。
> 〇〇の件でご連絡しました。
> 16時に改めてご連絡いたします。
> 失礼いたします

最初に、「〇〇様のお電話でしょうか」と確認。最後に「失礼いたします」と添えるとていねいです。

メッセージを入れるときのPOINT

- 早口で話さない
- 相手の名前を確認する
- 社名と名前を名乗る
- 用件を手短に話す
- 連絡がほしいときは、電話番号を残す

メッセージは簡潔に!

STEP 4 電話のかけ方

● 急ぎではないとき

○○商事の加藤です。
○○の件でご連絡いたしました。
急ぎではありませんので、明日の
午前中に改めてご連絡いたします。
失礼いたします

用件はできるだけ短く、正確に伝えるようにしましょう。

● 電話がほしいとき

○○商事の加藤です。
明日の打ち合わせの件で
ご連絡いたしました。
恐れ入りますが、加藤まで
ご連絡ください。電話番号は、
03−××××−△△△△です。
よろしくお願いいたします

折り返しの電話をお願いするので、最後は「よろしくお願いいたします」という言葉で締めます。

● メッセージ録音途中で切れてしまったとき

○○商事の加藤です。
申し訳ありません。先ほど佐藤様あての
メッセージが途中で切れてしまいました。
メールいたしますので、ご確認の上、
加藤までご連絡ください。
よろしくお願いいたします

「用件は手短に」が原則。途中で切れたままだと、相手も不安になるので、再度電話して切れてしまったことを、まずはお詫びします。詳細はメールで伝えるとよいでしょう。

上司の携帯電話にかけるとき

ケース別

取引先の人の携帯電話にかけるときと流れは一緒です。
重要な伝言は、正確に伝えましょう。

● 名乗り・了解を得る

> お疲れ様です。田仲です。
> ○○の件でご連絡しました。
> 今、お話してよろしいでしょうか

相手は、会社から携帯電話に
かかってきた時点で
緊急だととらえるため
名乗りの後は了解を得る順番でもOK

● 用件を伝える

先ほど、〇〇社の中井様より
連絡があり、至急、山田部長と
連絡をとりたいそうです

伝言は、正確に伝えよう

● (電話がほしいという) 相手の電話番号を伝えるとき

中井様の
電話番号を申し上げます。
メモのご準備はよろしいでしょうか。
番号は、03−××××−△△△△です

メモができる状態かを確認してから、ゆっくりと番号を伝えます。

● 休暇中の上司に緊急で連絡するとき

お休み中のところ、
申し訳ございません

自分の携帯電話からかけるとき

ケース別

情報漏えいを防ぐため、かける場所には気をつけましょう。
また、交渉内容などをむやみに話さないようにします。

○○商事の加藤です。
企画部の小島様は
いらっしゃいますでしょうか

📞 イヤホンマイクを使うとき

イヤホンマイクだと、両手が使えるので、メモがしやすくなり便利です。しかし、両耳にイヤホンを入れているため、周囲の音が気にならなくなって話に集中するあまり、自然と声が大きくなることもあるので要注意。

携帯電話からかけるときの注意点

静かな場所からかける

駅のホームや、騒がしい場所での電話は、自分はもちろん、相手も聞き取りにくいものです。できるだけ静かな場所を見つけてかけます。

立ち止まって話す

歩きながら話すと、それだけいろいろ人に話を聞かれることに。電話をかけるときは、立ち止まって話をするようにします。

大声で話さない

外には、不特定多数の人がいます。その中には仕事の関係者がいるかもしれません。声のトーンには、十分気をつけましょう。

固有名詞や交渉内容は
むやみに話さない

情報漏えいを防ぐためにも、関係先の会社の名前や個人名、価格交渉や新商品、プロジェクトなどについて、むやみに話さないことです。

知っておきたい
SNSの注意点

番外編

使い方次第ではトラブルの原因になるSNS。
自覚をもって、上手に使いましょう。

あっ、○○さんもLINE始めたんだ。
早速、LINEスタンプを送っちゃおう

誰だ。なんだこれは！
けしからん

いくら仲のよい上司や先輩でも、
LINEでやりとりするのは、確認を
とってからにしましょう。

目上の人にスタンプ？
あり得ない〜！

SNSのマナー

仕事に関することは投稿しない

社内の新商品の情報などの投稿は、情報漏えいになります。また、仕事関係の人の社名、名前、役職などの投稿もしてはいけません。

SNSでうわさ話をしない

「うちの営業のAさんは……」とイニシャルトークしても、つぶやいている人の会社名がわかれば、イニシャルから限定されていきます。うわさ話や悪口、誹謗中傷を書き込むのはNG。場合によっては損害賠償を求められるということを肝に銘じましょう。

携帯メールは緊急のときだけに

至急連絡をとりたいとき、携帯電話もつながらない場合、SMS（ショートメッセージサービス）を利用するという手もあります。ただし、前もって緊急時にSMSをしてもよいか了解をとっておくようにしましょう。

遅刻・欠勤は電話連絡で

ビジネスにおいての緊急連絡は、原則電話です。メールは、受信した人がチェックしないと、情報は伝わりません。遅刻や欠勤は仕事に関わる緊急事項。早く、確実に相手に伝えるためには、電話がいちばんなのです。

COLUMN

訪問先での受付電話のかけ方

会社によっては、受付に電話があり、内線で担当者を呼ぶシステムになっているところがあります。
電話のそばに、呼び出し方の説明があれば、それに従って電話をかけましょう。

かけ方の例

1 約束をしている担当者（または担当部署）の内線番号を探す。

2 受話器をとり、内線番号をダイヤルする。

3
● 相手が出たら
「お世話になっております。
○○商事の加藤です」

● 担当部署の人が出たら
「お世話になっております。
○○商事の加藤と申します。
本日、14時に岩田様とお約束しております。
岩田様はいらっしゃいますでしょうか」

4 用件が伝わったら電話を切る。

STEP 5
こんなときどうする？

電話応対の内容はいろいろ。
外国人からかかってきた場合など
身につけておきたいフレーズを紹介します。

会社の道案内をするとき

ケース別

電話で誘導するときは、まず相手の現在位置を確認し、そこから会社までの道のりをなるべく具体的に案内しましょう。

近くまで来ていると思うのですが、今、県庁駅前の交差点です

県庁駅前の交差点でしたら、弊社はそこから歩いて3分ほどです

📞 こんな言い方は不親切

❌ 「そこから南に300mほど歩いて」

土地勘がないと「東西南北」の方角や距離はわかりにくいもの。コンビニや銀行など、誰でもわかりやすい目印を伝えましょう。

STEP 5 こんなときどうする？

○ 相手の居場所を確認するとき

> そこから、何か目印になるようなものはございますか

○ 目印を示して案内

> 東口を出て駅を背にまっすぐ歩くと、角に××銀行のある交差点があります。その交差点を、今度は右へ曲がってください。2分ほど歩くと、1階にコンビニがある茶色いビルが見えてきます。弊社はその3階です

駅に複数の改札口がある場合、必ずどの改札かを伝えよう

○ 道案内を終えたら

> わたくし、田仲と申します。途中で迷われたらまたご連絡ください

「お待ちしております」「お気をつけてお越しください」という言葉をつけ加えると、よりていねいです。

📞 車の場合

右折・左折の目印を「2つ目の信号」「ファミリーレストランのある交差点」など、わかりやすく伝えることがポイント。一方通行や右折禁止など、会社周辺の道路事情や最寄りの駐車場などを日頃から調べておきましょう。

電話中、他の電話が
かかってきたとき

ケース別

自分ひとりだけで応対しなくてはいけない場合でも、
今の電話応対をきちんと行うのが基本です。

電話がずっと鳴っているようなので
折り返します

大変申し訳ございません。
お言葉に甘えて、
いったん失礼させていただきます。
後ほど折り返しご連絡いたします

現在、応対しているほうを優先！
電話の相手から上のような申し出があったら、
いったん切ってもOK

● 電話をかけ直すとき

> 大変お待たせいたしました。
> 先ほどは、お話の途中で
> 申し訳ございません

まず謝罪をしてから、本題に入ります。

● とれなかった電話の相手からかかってきたとき

> さっき、電話したんだけど
> 出ないからお休みかと思った……

> 先ほどは電話応対中で、
> 電話をとることができず、
> 大変申し訳ございませんでした

📞 こんな電話の切り方はNG

✗ 「すみません。他の電話が鳴っているので切ります。
　またかけ直します」

「あなたの電話より、今かかってきた電話のほうが大事」と、相手を不快にさせかねません。

職場の人の家族の電話を受ける・かけるとき

ケース別

会社に職場の人の家族から連絡が入ることもあります。
仕事の相手同様に、敬意を持って応対しましょう。

○ 職場の人の家族の電話を受けたとき

> 山田の家内です。
> お忙しいところ恐れ入りますが、
> 山田をお願いできますか

> 山田部長の奥様で
> いらっしゃいますね。
> いつもお世話に
> なっております

> ただいま、
> おつなぎしますので
> 少々お待ちくださいませ

家族には、社内の人でも
敬称をつけ、尊敬語を使って!
ていねいな応対を心がけよう

STEP 5 こんなときどうする？

○ 名指し人に内線電話で取り次ぐとき

> 山田部長、ご自宅からお電話です

取り次ぐ際はプライバシーに配慮し、「ご自宅から」「ご家族から」とぼかした表現で伝えます。

○ 名指し人が不在のとき

> 大変申し訳ございません。
> 山田部長はただいま
> 会議中でいらっしゃいます

○ 伝言を頼まれたとき

> かしこまりました。
> 奥様の携帯電話にご連絡する旨、
> お伝えいたします

家族が会社に電話をするのは、携帯電話がつながらない状況で、急いで連絡したいことがあるから、伝言は忘れずに。すぐ本人に伝えて

○ 職場の人の家族に緊急で電話をかけるとき

> ○○商事営業部の田仲と申します。
> 山田部長には、
> いつもお世話になっております

まずは、自分が同じ職場の人間であることを名乗ってから、本題に入ります。

外国人から電話がかかってきたとき

職場には、外国の人から英語で電話がかかってくることも。
英語での基本応対をマスターしておくと、あわてずにすみます。

POINT 1 大きな声でゆっくり話す

発音がうまくなくても、相手が聞き取りやすいように大きな声ではっきり話しましょう。また、早口で話すと「英語が得意」と勘違いされ、相手も早口で返してくる可能性も。相手にゆっくり話してもらうためにも、自分もゆっくり話すとよいでしょう。

POINT 2 慣用表現を丸ごと覚える

英語圏には英語圏の商習慣があり、日本語の言葉をそのまま翻訳してもニュアンスが伝わりづらいもの。まずは英語での慣用表現を丸暗記し、現場で使えるようになることが大切です。使い慣れてくると、徐々にアレンジできるようになります。

POINT 3 敬語表現の違いを覚える

英語では、「社外に対して社内の人を呼び捨てにする」などの習慣はありません。男性なら「Mr.」、女性なら「Ms.」でOK。また、「May I〜」「Should I〜」「Could you 〜」「please」などを使うと、ビジネスシーンにふさわしい、ていねいな表現になります。

英語の電話

①　とりあえず、英語を話せる人に取り次ぐ

職場に英語が堪能な人がいるなら、
その人に電話を代わってもらいましょう。

Hello. May I talk to Mr. YAMADA?
（山田さんをお願いします）

ワン　モーメント　プリーズ
One moment, please.
（少々お待ちください）

あわてないで！
英語が話せる人に
取り次ぐだけだから

何も言わず、いきなり保留にするのでは失礼です。「少々お待ちください」と伝えてから保留にします。

STEP 5 こんなときどうする？

○ 英語が話せないことを伝える

> ソーリー マイ イングリッシュ イズント
> **Sorry, my English isn't**
> ベリーグッド
> **very good.**
> （私は英語が得意ではありません）

○ 英語ができる人に代わる

> ワン モーメント プリーズ
> **One moment, please.**
> アイル ゲット サムワン フー
> **I'll get someone who**
> スピークス イングリッシュ
> **speaks English.**
> （少々お待ちください。英語がわかる者に代わります）

保留にする前に、必ず「電話を切らずにお待ちください」と伝えます。
- **Hold the line, please.**

「少々お待ちください」という言い回しには、他に次の言い方があります。
- **Just a moment, please.**

○ ゆっくり話してもらいたいとき

> クゥドゥ ユー スピーク
> **Could you speak**
> モア スローリー プリーズ
> **more slowly, please?**
> （もう少しゆっくりお話しいただけますか）

大きな声で話してほしいときは、「Could you speak a little louder?（もう少し大きな声でお話いただけますか）」と言います。

英語の電話

② 名指し人に取り次ぐ

誰を指名しているかが理解できたら
相手の名前や社名を確認して、名指し人に取り次ぎましょう。

> Hello. May I talk to Mr. YAMADA?
> （山田さんをお願いします）

イエス　サートゥンリィ
Yes, certainly.（かしこまりました）
メイ　アイ　アスク　フーズ　コーリング　プリーズ
May I ask who's calling, please?
（お名前をお聞かせいただけますか）

？がつく場合は、
語尾を上げることを忘れずに

📞 こんな言い方はNG

❌ 「What's your name?」

カジュアルな言い方で、ビジネスシーンに
はふさわしくありません。

○ 相手の社名を確認するとき

メイ アイ アスク ファットゥ カンパニー
May I ask what company
ユー アー ウィズ
you are with?
（社名をお聞かせいただけますか）

○ 名前を聞き取れなかったとき

クゥドゥ ユー リピート
Could you repeat
ユア ネーム プリーズ
your name, please?
（もう一度お名前をお願いします）

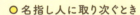
これでもOK

May I have your name again?

○ 名指し人に取り次ぐとき

アイル トゥランスファー ユー トゥ
I'll transfer you to
ミスターヤマダ
Mr. YAMADA.
（山田につなぎます）

これでもOK

I'll connect you to Mr. YAMADA.

英語の電話

③ 名指し人が不在のとき

かけ直してもらうか、電話があったことを名指し人に伝えます。
念のため、相手の名前のスペルと電話番号も確認しましょう。

> Hello. May I talk to Mr. YAMADA?
> （山田さんをお願いします）

アイム　アフレェイドゥ　ヒー　イズ　アウト　ナウ
I'm afraid he is out now.
（申し訳ありませんが、外出しております）

外出以外なら、次のように言い換えることもできます。いずれも冒頭に「I'm afraid」をつけると、「あいにくですが…」という日本語のニュアンスに近づきます。

- **He is not at his desk at the moment.**
  （席を外しております）
- **He is in a meeting right now.**
  （ただいま会議中です）
- **He is on another line right now.**
  （ただいま他の電話に出ております）
- **He has a day off today.**
  （本日は休んでおります）

相手にかけ直してもらう

> クゥドゥ　ユー　コール　ヒム
> **Could you call him**
> アゲイン　プリーズ
> **again, please?**
> （もう一度おかけいただけますか）

名指し人が女性のときは、himではなくher（ハー）にします。

折り返しの電話を提案する

> シュドゥ　アイ　ハブ　ヒム
> **Should I have him**
> コール　ユー　バック
> **call you back?**
> （折り返しお電話させましょうか）

相手の名前のスペルをたずねる

> クゥドゥ　ユー　スペル
> **Could you spell**
> ユア　ネーム　プリーズ
> **your name, please?**
> （名前のスペルをお願いできますか）

これでもOK How do you spell your name?

相手の電話番号をたずねる

> メイ　アイ　ハブ　ユア　フォン
> **May I have your phone**
> ナンバー
> **number?**
> （電話番号をお聞かせいただけますか？）

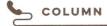

COLUMN

間違い電話やいたずら電話を受けたとき

横柄な応対は会社のイメージダウンにつながります。
無言電話やいたずら電話に対しても、言葉づかいはていねいに。
ただし、毅然とした態度をとりましょう。

間違い電話を受けたとき

「恐れ入りますが、何番におかけでしょうか」

「こちらは、〇〇商事です。電話番号は、××××ー△△△△です。お間違えではないでしょうか」

「弊社に〇〇という者はおりません。お間違えではないでしょうか」

相手に電話番号を確認します。また、こちらの電話番号を伝えて確認をお願いします。

無言電話やいたずら電話

「お電話が遠いようで、お声がこちらに届いておりません。
恐れ入りますが、もう一度かけ直していただけませんでしょうか」

無言電話＝いたずら電話とは限りません。単なる回線トラブルで、相手にはこちらの声が聞こえているかもしれないので、ていねいな応対を心がけます。

「恐れ入ります。こちらは〇〇商事です。
ご用件以外の電話は失礼いたします」

いたずら電話の場合は、相手の質問に答えず、毅然とした態度で応対して切ります。

STEP 6
知っておくと便利

電話で説明するのが難しい
名前の漢字やメールアドレス。
相手に伝わりやすい言い方のヒントを紹介します。

名前や住所を聞くとき・伝えるとき

PHONE MANNERS

メールや書類などを送り合うときは、名前や住所の漢字が必要になってきます。正確に伝え合う方法を身につけましょう。

● 相手の名前の確認をするとき

相手の名前の漢字を間違えるのは失礼だから、しっかり確認しよう

失礼ですが、ワタライ様は、どのような漢字をお書きすればよろしいでしょうか

サカモトさまのサカは、坂道の坂でしょうか？それとも大阪の阪でしょうか？

よくある名前だからと、漢字を決めつけてしまうのはNG。例えば、アベという同じ読みでも、「安倍」「安部」「阿部」などいろいろな漢字があります。念のため、どの漢字か確認すると、ていねいな印象を持たれます。

● 自分の名前の漢字を伝えるとき

わたくしは、加藤圭太と申します。加藤は加えるに藤の花の藤、圭太の圭は、土をタテに2つ並べた漢字で、テニスプレーヤーの錦織圭のケイと同じです。圭太の太は太いという漢字です

地名や花の名前、有名人の名前などで漢字を説明するといいわよ

● 名前が難読漢字のとき

ワタライは、温度の度と、会議の会と書いて、ワタライと読みます

誰でもわかるような漢字の説明を心がけて

● 住所を確認するとき

ご住所を郵便番号からお伺いしてよろしいでしょうか

相手が郵便番号を覚えていない場合は、都道府県から聞くようにします。地名でわからない漢字がある場合も、人名と同じように質問します。

郵便番号　検索

郵便番号から住所の漢字も確認できるよ！

STEP 6　知っておくと便利

漢字の説明の仕方

「にんべん」「くさかんむり」などの部首名や、地名、有名人の名前をあげて説明しましょう。

> わたくしは、田仲麻衣と申します。
> 田んぼのタ、にんべんに真ん中の中、
> 仲よしのナカで田仲と書きます。
> また、麻衣は麻布(あざぬの)のアサに衣(ころも)という漢字です

正確な漢字を伝えるため、部首以外の説明も加えるといいよ

漢字のおもな部首

部首がわからないと、説明されてもピンとこないもの。
基本的なものはおさえておきましょう。

偏（へん）
おもに漢字の左側に位置する部分。

例
- しめすへん → ネ
- ころもへん → ネ
- ぎょうにんべん → イ
- けものへん → 犭
- のぎへん → 禾
- にすい → ン

旁（つくり）
おもに漢字の右側に位置する部分。

例
- ふしづくり → 卩
- りっとう → リ
- さんづくり → 彡

冠（かんむり）
漢字の上側に位置する部分。

例
- うかんむり → 宀
- わかんむり → 冖
- くさかんむり → 艹
- なべぶた → 亠

脚（あし）
漢字の下側に位置する部分。

例
- すん → 寸
- ひとあし → 儿

構（かまえ）
漢字を囲むように外側に位置する部分。

例
- きがまえ → 气
- かくしがまえ → 匚
- つつみがまえ → 勹
- もんがまえ → 門

垂（たれ）
漢字の上側から左下にかけて位置する部分。

例
- がんだれ → 厂
- まだれ → 广

饒（にょう）
漢字の左側から下にかけて位置する部分。

例
- しんにょう → 辶、辶
- えんにょう → 廴

相手が部首で説明してきても
わからなかったら、そのまま部首名を
メモして、あとから調べても

知っておきたい! 漢字の説明の仕方

※漢字の部首名や分類方法は、漢和辞典により多少異なります。

名前で多い読み方	漢字	部首	説明のしかた（例）
あ	阿	こざとへん	阿蘇山のア。阿弥陀（あみだ）像のア
あ	亜	に	亜熱帯のア。亜細亜のア
あ、あん、やす	安	うかんむり	うかんむりに女。安心のア
あさ	浅	さんずい	浅瀬のアサ。浅間山のアサ
あぜ、くろ、ほとり	畔	たへん	左に田んぼのタ、右に半分のハン。湖畔のハン
あつ、あつし、じゅん	淳	さんずい	作家の吉行淳之介のジュン
あや、さい	彩	さんづくり	色彩のサイ
あら、こう	荒	くさかんむり	東京都荒川区のアラ。荒野のコウ
い、より	依	にんべん	にんべんに衣。依頼のイ
いさお	勲	れっか	動くの下に点が4つ。勲章のクン
う	鵜	とり	弟の右に鳥。鵜飼いのウ
う	宇	うかんむり	宇宙のウ。栃木県宇都宮市のウ
えい	瑛	おうへん	おうへんに英語のエイ
えつ	悦	りっしんべん	説明の「説」のごんべんを、りっしんべんにする
えの、えのき	榎	きへん	きへんに夏
おう、おうぎ、せん	扇	とかんむり	とかんむりの下に羽。扇風機のセン
かい、さきがけ	魁	きにょう	魅力の「魅」の未（み）を、北斗のトに

かけ	掛	てへん	掛け算のカ。静岡県掛川市のカケ
かわ、か、こう	河	さんずい	さんずいに可能のカ。河川のカ
き、じゅ、いつき	樹	きへん	樹木のジュ
きょう	恭	したごころ	恭賀新年のキョウ。深田恭子のキョウ
きん	欣	かける	パン一斤のキンの横に欠席のケツ
けい、よし	慶	こころ	慶応義塾大学のケイ
けい、か、よし	佳	にんべん	にんべんに土をタテに2つ。佳子様のカ
けん、まさる	賢	かい	かしこいという字
けん	研	いしへん	研究のケン
けん	建	えんにょう	建設のケン
ご、さとる	悟	りっしんべん	国語の「語」のごんべんを、りっしんべんにする。孫悟空のゴ
こう	耕	すきへん	すきへんに井戸のイ。畑を耕(たがや)すのコウ
こう	航	ふねへん	船で航海するのコウ
こう、あきら	晃	ひ	日の下に光
こう、いさむ	功	ちから	カタカナのエの右にチカラ。成功のコウ
こう、く、あな	孔	こへん	儒教の孔子のコウ
ごう、つよし	剛	りっとう	質実剛健のゴウ
こうじ	麹	ばくにょう	塩麹のコウジ。麹町のコウジ
こえ、ごえ	越	そうにょう	埼玉県越谷市のコシ
さ	紗	いとへん	いとへんに少ない

さぎ	鷺	とり	道路の口の下に鳥。鳥のサギ
さき(ざき)	崎	やまへん	宮崎県のザキ
さき(ざき)	﨑	やまへん	ふつうの崎(さき)の右上が立つ
さく	朔	つき	八朔(はっさく)のサク。萩原朔太郎のサク
さわ(ざわ)	澤	さんずい	さんずいに漢数字の4の下に幸福のコウ。サッカーの澤穂希のサワ
し、うた	詩	ごんべん	ごんべんに寺。ポエムの詩人のシ
しずく	雫	あめかんむり	あめかんむりに下。岩手県雫石のシズク
しの	篠	たけかんむり	写真家の篠山紀信のシノ。柔道家の篠原信一のシン
しゅう	収	また	収入のシュウ
しゅう、ひいらぎ	柊	きへん	きへんに冬
しゅん、はやお	駿	うまへん	駿河のスル。宮崎駿のハヤオ
じゅん	順	おおがい	順番のジュン
じゅん	潤	さんずい	さんずいに門の中に王。うるおうという字のジュン
しょう、かける、と	翔	ひつじへん	ひつじへんに羽。飛翔のショウ
しょう、さち	祥	しめすへん	しめすへんに羊。東京の吉祥寺のジョウ。発祥のショウ
しん	慎	りっしんべん	つつしむのシン。香取慎吾のシン
すけ	輔	くるまへん	店舗のポの左をくるまへんに。スケートの髙橋大輔のスケ
すけ、かい	介	ひとやね	介護のカイ
せ	瀬	さんずい	瀬戸内のセ
せい	精	こめへん	こめへんに青。精神のセイ

せき	関	もんがまえ	関ヶ原のセキ。関所のセキ
たか、たかし、りゅう	隆	こざとへん	西郷隆盛のタカ
たけ、たけし、がく	岳	やま	山岳のガク
つつみ、てい	堤	つちへん	つちへんに是非のゼ。堤防のテイ
つよし、たけし	毅	るまた	犬養毅のツヨシ
てつ、あきら	哲	くち	哲学のテツ
と	斗	とます	北斗七星のト
とし、じゅ、す、ず	寿	すん	寿（ことぶき）。長寿のジュ
とし	敏	のぶん・ぼくづくり	敏感のビン
とみ、ふ	富	わかんむり	富士山のフのうかんむりの上の点を取る
とも、ほう	朋	つきへん	月を横に2つ並べる
とも、さとし	智	ひらび・いわく	知るの下に毎日のニチ
なが、えい	永	みず	永遠のエイ。矢沢永吉のエイ
なぎ	凪	かぜかんむり	かぜかんむりに止まる。風が止んで海が静かな状態のナギ
なり、なる、せい、しげ	成	ほこがまえ	成功のセイ
のり	則	りっとう	貝にリ。規則のソク
のり	典	はち	百科事典のテン
はく、のり	伯	にんべん	にんべんに白。伯爵のハク
ばく	獏	けものへん	夢を食べるバク
はま	濱	さんずい	さんずいに来賓のヒン

はら	原	がんだれ	原っぱのハラ
ひ、ひのき、かい	檜	きへん	木のヒノキ。東京都檜原村のヒノ
ひろ、じん	尋	すん	「千と千尋の神隠し」の千尋のヒロ
ひろ、ひろし、かん	寛	うかんむり	うかんむりの中にくさかんむりと見る
ひろ、ひろし、こう	弘	ゆみへん	ゆみへんにカタカナのム。弘法大師のコウ
ふち、ぶち	渕	さんずい	長渕剛のブチ。小渕恵三元首相のブチ
ふち、ぶち	淵	さんずい	東京の千鳥ヶ淵のフチ
ほ	穂	のぎへん	稲穂のホ。のぎへんに恵（めぐみ）。
ほ、はん	帆	はばへん	はばへんに凡人のボン。帆立のホ。船の帆のホ
ま、まこと、しん	眞	め	眞子様のマ。直の十をカタカナのヒにして下にカタカナのハ
まい、ぶ	舞	まいあし	踊りを舞うのマイ。ディズニーランドがある舞浜のマイ
まさ、が	雅	ふるとり	雅（みやび）。雅子様のマサ
まろ	麿	あさかんむり	あさかんむりに風呂のロ
みお、れい	澪	さんずい	さんずいに漢字で零（ゼロ）。澪つくしのミオ
みず、ずい	瑞	おうへん	瑞々しいのミズ
みのる、ねん、とし	稔	のぎへん	のぎへんに念じるのネン
むつ	睦	めへん	大陸の「陸」のこざとへんをめへんにする。1月の睦月（むつき）のム
むれ	群	ひつじ	群馬県のグン
もと	元	ひとあし・にんにょう	元気のゲン。元旦のガン
や、かな	哉	ほこづくり	作家の志賀直哉のヤ。木村拓哉のヤ

や、み	弥	ゆみへん	弥生時代のヤ
やす、たい	泰	したみず	天下泰平のタイ
やな、やなぎ、りゅう	柳	きへん	木のヤナギ。きへんに卯の花のウ
ゆい	唯	くちへん	唯一のユイ
ゆう、ゆたか	裕	ころもへん	ころもへんに谷。裕福のユウ。石原裕次郎のユウ
ゆう、ゆ、すけ	祐	しめすへん	しめすへんに右。桑田佳祐のスケ
ゆう、はるか、ひさ	悠	こころ	悠々自適のユウ。悠仁様のヒサの字
よう	陽	こざとへん	太陽のヨウ
よう、かい	養	しょく	養う。栄養のヨウ
よし、ほう	芳	くさかんむり	くさかんむりに方角のホウ。芳(かんば)しい
りつ	律	ぎょうにんべん	ピアノの調律のリツ。規律のリツ
りょう	遼	しんにょう	石川遼のリョウ
りょう、あきら	亮	なべぶた	なべぶたに口(くち)とわかんむりの下にカタカナのル。谷(田村)亮子のリョウ
りん	凛	にすい	凛々しいのリ
りん、り	莉	くさかんむり	くさかんむりの下に利用のリ
りん、のぞむ、み	臨	しん	試験に臨むのノゾム。臨時のリン
ろう	郎	おおざと	桃太郎のロウ。北島三郎のロウ
ろう、あきら	朗	つき	朗(ほが)らか。朗読のロウ

有名人で例えるときは、幅広い年齢層に知られている人がベスト

メールアドレスを聞くとき・伝えるとき

PHONE MANNERS

メールを送り合うときは、アルファベットや数字、記号などを確認します。ミスをなくすための方法を身につけましょう。

● メールアドレスを聞くとき

> ツシマ　サンイチ　アットマーク
> オークラ　ハイフン　シャ　ドット
> シーオー　ドット　ジェイピーです

> ツシマのツはtsu、それともtuでしょうか。
> シはshi、それともsiでしょうか。
> またサンイチは数字ですか

> では、確認させていただきます。
> tsushima31@okura-sha.co.jp
> でよろしいでしょうか

最後に一つひとつ、アルファベット、数字、記号を読み上げて確認しよう

[ローマ字の種類]

	し	ち	つ	ふ	じ
日本式ローマ字	si	ti	tu	hu	zi
ヘボン式ローマ字	shi	chi	tsu	fu	ji

日本語をアルファベットに当てはめる場合、日本式ローマ字とヘボン式ローマ字で表記が異なります。最近はヘボン式が主流ですが、なかには日本式を使用する企業もあります。

● メールアドレスを伝えるとき

ケイ　アンダーバー　カトウ　アットマーク　マキ　ハイフン　ショウジ　ドット　コムです
頭のケイだけ大文字で、他は小文字です。
カトウはkato 、ショウジはshoji
K_kato@maki－shoji.comです

「ABCの後にくるDです」
という説明の仕方も。
正確に伝えることが大切だよ

● アルファベットを読み上げるとき

カトウは、キングのk、アップルのa、東京のt、大阪のoです。マキは、マックのm、アップルのa、キングのk、iPhoneのi、USAのu、ショウジは、サッカーのs、ハワイのh、大阪のo、ジャパンのj、iPhoneのiです。

おおよそ見当がつくアドレスであっても、1文字ずつアルファベットを読み上げて伝えます。とくに、mとn、dとt、eとp、9とqなど、聞き間違えやすい言葉は要注意です。

● **アルファベットの説明の仕方 ⇒ P190参照**

📞 FAXで知らせる方法も

　相手にメールアドレスが正確に伝わるか不安な場合は、FAXを送って自分のメールアドレスを知らせる方法もあります。FAXの送信後に相手に電話を入れ、「ただいまFAXでメールアドレスをお送りしました」と伝えると、よりていねいです。

アルファベットの説明の仕方

PHONE MANNERS

誰でも知っている単語や地名、ブランドなどを挙げて、その頭文字だと伝えると、お互いに確認しやすいでしょう。

アルファベット	説明例
A	アップル、Android（アンドロイド）、アジア
B	バナナ、バスケットボール、ブラジル、ブック、ブラック、ボス
C	チョコレート、チャレンジ、ビタミンCのC、広島カープのC、チェック
D	ドーナツ、DJ、ディズニーランド、デザイン、ドア、ABCの次
E	エクセル、エネルギー、Enterキー、エッグ（卵）
F	フランス、フットボール、フラワー、ファミリー
G	ゴルフ、ギフト、ジャイアンツ、ジーパン、ゲーム
H	北海道、ホット、ハワイ、ホテル、ハロー
I	Instagram（インスタグラム）、iPhone（アイフォン）、インド、インフォメーション
J	ジャパン、JR、Jリーグ、ジャングル、ジャズ

相手に合わせて説明することが大切！
自分は知っていても、相手は
知らない可能性もあるよ

K	キング、キーワード、キープ
L	ラブ、ライブ、ロンドン、LINE(ライン)、ライオン
M	Mac(マック)、ミュージック、ミッキーマウス
N	NIKE(ナイキ)、ニッポン、ナンバー、ニューヨーク
O	OL、大阪、OK、オレンジ
P	パイナップル、パリ、パーティー、ピアノ、ピンク、プリント
Q	クイーン、クイズ、Q&A、QRコード
R	ロック、ローマ、リクルート、リボン
S	サッカー、SNS、スポーツ、スペイン、SF
T	東京、タイガース、トランプ、たばこ
U	USJ(ユニバーサル・スタジオ・ジャパン)、USA、ユニクロ、UFO
V	Vサイン、VIP、バケーション
W	ワシントン、ウーマン、Word(ワード)、ウォッチ
X	X JAPAN、X線、Xデー
Y	横浜、YMCA、ヤング
Z	動物園のZoo、アルファベットの最後

STEP 6 知っておくと便利

英語のスペルとローマ字のスペルで
頭文字が違ったりするので気をつけて

監修　**松本昌子**（まつもと・あつこ）

株式会社Woomax　モチベーションマネジャー／ビジネスマナー講師。愛知県生まれ。2006年、研修会社でビジネスマナーとコーチングを専門とした人財開発研修講師に就任。2009年より拓殖大学客員講師としてビジネスマナーの講義を担当。2012年より現職に。新入社員教育の講師として「電話応対」マナーも教える。『ゼロから教えて　ビジネスマナー』（かんき出版）、『女性のビジネスマナー　パーフェクトブック』（ナツメ社）などの著書・監修本がある。

STAFF

企画・編集	株式会社フロンテア
デザイン	髙橋朱里、菅谷真理子（マルサンカク）
イラスト	二村大輔
DTP	白石知美（株式会社システムタンク）
校正	くすのき舎

電話応対はこわくない！
知っておきたい 仕事のルールとマナー

監修者	松本昌子
発行者	池田士文
印刷所	TOPPANクロレ株式会社
製本所	TOPPANクロレ株式会社
発行所	株式会社池田書店
	〒162-0851　東京都新宿区弁天町43番地
	電話03-3267-6821(代)／振替00120-9-60072

落丁・乱丁はおとりかえいたします。
©K.K.Ikeda Shoten 2018, Printed in Japan
ISBN978-4-262-17467-9

本書のコピー、スキャン、デジタル化等の無断複製は著作権法上での例外を除き禁じられています。本書を代行業者等の第三者に依頼してスキャンやデジタル化することは、たとえ個人や家庭内での利用でも著作権法違反です。

25024003